ADOLPHE JOANNE

GÉOGRAPHIE
DE
LA MANCHE

13 gravures et une carte

HACHETTE ET Cie

GÉOGRAPHIE

DU DÉPARTEMENT

DE

LA MANCHE

AVEC UNE CARTE COLORIÉE ET 13 GRAVURES

PAR

ADOLPHE JOANNE

AUTEUR DU DICTIONNAIRE GÉOGRAPHIQUE ET DE L'ITINÉRAIRE GÉNÉRAL DE LA FRANCE

PARIS

LIBRAIRIE HACHETTE ET Cie

79, BOULEVARD SAINT-GERMAIN, 79

1880

TABLE DES MATIÈRES

DÉPARTEMENT DE LA MANCHE.

LISTE DES GRAVURES

24842. — Typographie A. Lahure, rue de Fleurus, 9, à Paris.

DÉPARTEMENT

DE

LA MANCHE

I. — Nom, formation, situation, limites, superficie.

Le département de la Manche doit son *nom* à la mer qui baigne ses côtes et qui s'appelle la Manche.

Il a été *formé*, après 1789, de trois territoires appartenant à la **Normandie**, l'une des provinces qui constituaient alors la France : le *Cotentin*, ou ancien diocèse de Coutances; l'*Avranchin*, ou ancien diocèse d'Avranches; et le *Bocage* (quelques parcelles seulement).

Situé dans la région Nord-Ouest de la France, c'est un de nos 23 départements maritimes, dont 9 bordent la Manche. Trois départements seulement, la Mayenne, la Sarthe, Loir-et-Cher, le séparent du Cher, qui est le centre de la France; trois également, le Calvados, l'Eure et Seine-et-Oise, le séparent de Paris. Saint-Lô, son chef-lieu, est à 314 kilomètres à l'ouest de Paris par le chemin de fer, à 255 seulement en ligne droite. Il est traversé, à l'ouest de Cherbourg, par le 4e degré de longitude ouest du méridien de Paris. En latitude, il est coupé, à 6 ou 7 kilomètres au sud de Coutances, par le 49e degré : il est donc un peu plus rapproché du Pôle que de l'Équateur, séparés l'un de l'autre par 90 degrés.

Le département de la Manche est *borné :* au sud-est, par le département de l'Orne; à l'est, par celui du Calvados; au nord, au nord-est et à l'ouest, par la mer qu'on nomme la Manche; au sud, par les départements d'Ille-et-Vilaine et de la Mayenne. Ces limites sont en grande partie naturelles, et en partie artificielles ou tracées à travers champs par des lignes conventionnelles, des chemins, des sentiers. Les principales limites naturelles sont avant tout la mer; puis, en faisant à partir de l'embouchure de la Vire le tour du département dans la direction du sud : la Vire, l'Elle, la Dromme ou Drôme, la Sienne, qui séparent chacune pendant quelques kilomètres la Manche du Calvados; l'Égrenne, qui forme environ un tiers de la limite avec le département de l'Orne; le Colmont et un affluent de l'Airon, servant de frontière avec le département de la Mayenne; un affluent de la Sélune, le Trouçon et le Couesnon, qui séparent le département de la Manche de celui d'Ille-et-Vilaine.

La *superficie* du département de la Manche est de 592,838 hectares. Sous ce rapport, c'est le 48e département de la France : en d'autres termes, 47 sont plus étendus. Sa plus grande *longueur*, du nord-ouest au sud-est, — c'est-à-dire de l'extrémité du cap de la Hague au point de rencontre des limites de la Manche, de l'Orne et de la Mayenne, — est de 130 kilomètres environ. Le département, qui a environ 45 kilomètres de *largeur* dans ses parties centrale et méridionale, n'en a guère que 28 à la hauteur de Granville.

II. — Physionomie générale ; littoral.

Entouré de trois côtés par la mer, le département de la Manche, ou presqu'île du Cotentin, est sillonné par des collines, presque toutes déboisées, qui se rattachent, au sud, à celles du Maine, de la Bretagne et de la Normandie, et séparent entre eux les bassins des fleuves côtiers. Les vallées sont généralement luxuriantes, et les plateaux couverts de gras pâturages. Mais aux environs de Carentan s'étendent de vastes *marais*, notamment ceux *de Gorges*, et, au sud de Lessay, une immense lande inculte. Les collines de la Manche, hautes de 150 à 179 mètres dans les environs de Cherbourg et dans toute cette partie extrême du Cotentin qui se termine au cap de la Hague, vont en s'élevant graduellement du nord au sud; elles ont 276 mètres à Montabot et 365 à l'est de Tessy (montagne de Guilberville). Dans l'arrondissement de Mortain, plusieurs sommets atteignent de 300 à 368 mètres; *Saint-Martin-de-Chaulieu*, situé à 368 mètres, est le point culminant du département.

Les hautes collines de la Manche, qui paraissent d'autant plus élevées qu'elles sont plus rapprochées de la mer, offrent des paysages pittoresques et même grandioses; quelques-unes sont hardiment découpées, surtout aux environs de Mortain, contrée qu'on a nommée, toutes proportions gardées, la *Suisse de la Normandie*. Ce n'est pas à la Suisse, mais à l'Angleterre, qu'il faudrait comparer la Manche avec ses côtes déchiquetées, où vit un peuple d'infatigables et vaillants marins, aussi habitués aux brumes de Terre-Neuve qu'aux courants, aux vagues, aux marées, aux formidables écueils de la Bretagne et de la Normandie. Constamment baignée, comme l'Angleterre, par une atmosphère humide, la Manche a, comme elle, de superbes prairies et des vallons admirablement verts. Mais le pays doit sa principale beauté à la mer qui en assiége les caps et dépose à leur base de larges grèves.

Les côtes de la Manche, généralement composées de hautes falaises ou de vastes plages, ont un développement de 330 kilomètres sur une mer sauvage. Les grèves de la Ravine, du Grand-Vey et de la Madeleine, qui s'étendent à l'ouest des roches de Grandcamp, sont communes aux deux départements du Calvados et de la Manche; là se jettent la Vire et la Taute, qui vient de couler dans d'immenses prairies marécageuses, si basses que des digues sont nécessaires pour les garantir de l'Océan; là aussi commence la presqu'île du Cotentin. Le rivage, courant au nord-nord-ouest, reste longtemps bas; il est bordé par une grève : à 7 kilomètres en mer, le rocher Bastion, l'île de Terre et l'île fortifiée du Large forment l'archipel des *îles Saint-Marcouf*.

Les forts de Saint-Marcouf, de Quinéville, de Lestre, du Milieu, d'Aumeville, sont voisins de l'embouchure du petit fleuve de Sinope, au nord de laquelle s'ouvre la *rade de la Hougue*. La péninsule étroite et allongée dont le fort et le phare de la Hougue occupent l'extrémité sépare cette rade de celle de Saint-Vaast, que défend l'*île* fortifiée *de Tatihou*. C'est dans cette rade que se jette la Saire, qui a donné son nom à la *Pointe de Saire*. A partir de ce cap, les grèves disparaissent; le rivage se découpe et se remplit d'écueils; le petit port de Landemer précède celui de Barfleur, voisin lui-même du havre de Crabec, qu'abrite la *Pointe de Barfleur*, reliée par une chaussée à l'îlot qui porte le superbe phare de Barfleur.

A la Pointe de Barfleur, la côte tourne brusquement à l'ouest, puis au sud-ouest, puis au nord-ouest, pour décrire une baie gracieuse en arc de cercle, dont la partie centrale est occupée par Cherbourg. Sur le pourtour de cette baie, où le rivage est très-dentelé et parsemé de récifs, on remarque: l'anse de la Mondrée, terminée à l'ouest par le *cap Lévi;* l'anse et le port du Cap-Lévi; l'anse du Pied-Sablon; l'*île Pelée* (fort); l'embouchure de la Divette; Cherbourg, ses forts, son port militaire et sa digue fameuse; l'anse Sainte-Anne, entre celle de Cherbourg et la pointe et le fort de Querqueville; la grève d'Urville-Hague; la pointe Jardeheu; le port d'Omonville-la-Rogue; l'anse Saint-Martin, et enfin le *cap de la Hague*, promontoire syénitique terminant au nord-ouest la presqu'île du Cotentin, et dominant l'entrée du golfe des îles normandes, redouté par les navigateurs à cause de ses courants et de ses écueils. Le cap de la Hague est séparé de l'île anglaise d'Aurigny par un détroit large de 16 kilomètres, le *Raz Blanchard*, le premier de ces terribles défilés marins où le flot de marée et le jusant, resserrés entre des chaînes d'écueils et de bas-fonds, coulent avec une vitesse de plus de 16 kilomètres à l'heure.

Au cap de la Hague et au phare du rocher du Gros-du-Raz, le rivage commence à courir au sud-sud-est, direction qu'il garde jusqu'au Mont-Saint-Michel et jusqu'à la lisière du département d'Ille-et-Vilaine. On rencontre d'abord la baie

Cherbourg.

d'Escalgrain, terminée, au sud, par le *Nez-de-Jobourg*, cap à partir duquel les falaises, se dressant jusqu'à 128 mètres, donnent à la côte une indescriptible grandeur. Le Nez-de-Jobourg tourné, on entre dans l'*anse* évasée *de Vauville*, qui a 18 kilomètres d'ouverture entre le Nez-de-Jobourg et le *cap de Flamanville;* le fond de cette anse est occupé par une plage sablonneuse, derrière laquelle les falaises font place aux hautes dunes du Pont-des-Sablons. Les falaises se relèvent à partir des rochers qui signalent Diélette, le seul bon port de refuge entre Cherbourg et Granville. Les falaises de Flamanville, qui se dressent au sud du port de Diélette, sont les plus belles du département, sinon les plus hautes (90 mètres au cap de Flamanville).

Entre les falaises du cap de Flamanville et l'île anglaise de Guernesey, le dangereux *passage de la Deroute* a 40 à 50 kilomètres de largeur. Son nom, ne se rattachant à aucune bataille navale historique, signale éloquemment les périls qu'y rencontrent les navires, ballotés entre le courant qui suit la côte, celui qui vient de la haute mer, par le détroit ouvert entre Aurigny et Guernesey, et celui qui passe entre Guernesey et Jersey.

Au sud du cap de Flamanville, on trouve successivement : l'*anse de Sciotot*, dont le fond est occupé par une grève; la *Pointe du Rozel;* la grève de Surtainville et de Baubigny; le cap de Carteret, où s'arrêtent les falaises du système silurien et granitique, pour faire place aux dunes qui courent jusqu'au nord de Granville; le phare, le fort et le petit port de cabotage de Carteret, que 8 kilomètres séparent du havre de Portbail, où se jette la Grise ou rivière d'Olonde. En haute mer, le passage de la Déroute est rétréci, par les écueils des *Trois-Grunes*, des *Bancs-Fêlés* et des *Basses-de-Taillepied.* La côte continue à être bordée de grèves; on y remarque : le havre de Surville; la grève immense où l'embouchure de l'Ay forme le port de Saint-Germain-sur-Ay; les dunes de Pirou, en face desquelles se montrent, sur le rivage, les roches du Sac-de-Pirou et, à 12 kilomètres en mer, les périlleux écueils

Plage de Granville.

de la *Chaussée des Bœufs*. Le havre de Regnéville offre un petit port de cabotage très-fréquenté, où se jette la Sienne. A partir de ce havre, le rivage, bordé par une large grève, du sein de laquelle émergent des archipels de rochers, n'a rien de remarquable jusqu'à Granville; il est formé de petites dunes hautes de 6 à 14 mètres, du sommet desquelles on découvre Jersey et les îles Chausey.

Toute la côte occidentale du Cotentin est une côte inhospitalière, dont les petits havres, gardés à l'entrée par de redoutables barrières de récifs, restent tous presque à sec à marée basse. Du cap de la Hague à l'extrémité de la baie de Saint-Michel, dans ce dangereux détroit long de 130 kilomètres, les navires sont obligés d'attendre l'heure du flot pour trouver un refuge. Le meilleur port de cette côte, le seul qui fasse un commerce notable, est celui de Granville, situé à l'embouchure du Bosq et abrité du vent du nord par le rocher sur lequel la ville est construite.

Dix à douze kilomètres séparent Granville des innombrables îlots des *îles Chausey*. Cet archipel forme un groupe d'îlots ou d'écueils d'un développement moyen de 12 kilomètres. A marée basse, on peut compter plus de 300 de ces îlots; mais, à marée haute, il en émerge à peine une cinquantaine. Le plus grand, au sud-ouest, est appelé la *Grande-Ile*. La composition chimique des rochers des îles Chausey diffère de celle de Granville et de Saint-Malo : aussi attribue-t-on leur formation à une éruption isolée du feu central. Cette masse incandescente, brusquement refroidie, subit un retrait considérable; de nombreuses fentes se produisirent dans tous les sens, et, sous l'action violente des lames, d'énormes blocs, s'étant détachés, furent entraînés par la mer. C'est ce qui explique le chaos apparent que présentent ces îles. — Il y a une quinzaine de kilomètres des îles Chausey au groupe de récifs des *Minquiers*, dans lequel se dressent les formidables rochers décrits par Victor Hugo dans les *Travailleurs de la mer*.

Au sud de Granville, la grève de Saint-Pair est traversée, à marée basse, par la Saigue et le Tar. Des dunes stériles séparent de la mer le cours de ce dernier fleuve et le lac de la Mare de Bouillon qu'il traverse. Les falaises recommencent au rivage de Carolles, où la côte s'incline vers le sud-est pour former la **baie du Mont-Saint-Michel**. Cette baie, extrémité sud-est du golfe des îles normandes, pénètre au loin dans les terres à la naissance de la péninsule du Cotentin, et offre un des parages les plus curieux des mers françaises. A mer basse, elle a une superficie d'environ 250 kilomètres carrés ; elle ressemble alors à un lit de cendres blanchâtres, et son aspect est d'autant plus désolé que les collines du rivage, telles que celle d'Avranches (104 mètres), sont couvertes de cultures verdoyantes. Lors des marées d'équinoxe, le flot, exhaussé par les obstacles que lui offrent les côtes de la Bretagne et de la Normandie, l'archipel de Jersey et ses innombrables écueils, atteint, dans l'entonnoir terminal de la baie, une élévation verticale de 15 mètres. Lorsque la marée, plus rapide qu'un cheval au galop, remonte en écumant la pente presque insensible des plages de Saint-Michel, il lui suffit de quelques heures pour transformer toute la baie en une immense nappe d'eau grisâtre et pénétrer au loin dans les embouchures des rivières jusqu'au pied de la colline d'Avranches et des quais de Pontorson. Au reflux, les eaux se retirent avec la même rapidité jusqu'à 10 kilomètres du rivage, et laissent à nu la grande plage déserte que parcourent les deltas souterrains des ruisseaux tributaires en formant çà et là de perfides fondrières où les voyageurs imprudents risqueraient de s'engloutir.

Au centre de la baie se dresse le noir Mont-Saint-Michel, haut de 122 mètres et couronné par les sombres murailles d'une abbaye gigantesque. A 2 kilomètres et demi au nord de Saint-Michel, s'élève un autre rocher, celui de *Tombelaine* (140 mètres d'altitude). Un troisième monticule, le Mont-Dol, s'élève au milieu de la côte du département d'Ille-et-Vilaine. Ces trois rochers sont les débris d'une terre qui réunissait autrefois les côtes de la Bretagne à celles du Cotentin. Si l'on en croit les légendes, l'île de Jersey et les rochers voisins faisaient encore partie du continent peu de temps avant l'ère historique. Selon quelques savants, la baie de Saint-Michel n'existait pas à l'époque romaine. La surface qu'elle recouvre aujourd'hui était encore au septième siècle une plaine couverte de forêts. Chaque année, on déterre, dans les grèves de Saint-Michel et de Granville, des arbres de toute espèce, et principalement des chênes, qui ont conservé jusqu'à leur écorce, et quelques-uns même leurs feuilles. Ce sont les témoins irrécusables de l'existence de l'ancienne forêt de Scissy. Graduellement entamée par le flot, elle disparut en entier lors de la fatale marée de l'an 709.

Du reste, en beaucoup d'autres endroits, le profil de la côte a été modifié par de formidables marées qui se heurtent diversement, suivant l'interférence des ondes. Sur certains points, dit M. Élisée Reclus, « les *flieurs* ou *fleurs*, — tel est le nom des baies profondes, dérivé du mot *fjord* des Scandinaves, — ont été comblés par les débris. Les promontoires qui se dressent aux extrémités de la presqu'île ne sont que les squelettes de terres jadis plus étendues. L'île d'Aurigny tenait au Nez-de-Jobourg antérieurement à l'histoire; de même, sur la rive orientale, les îles Saint-Marcouf continuaient au sud la saillie qui se termine actuellement au cap de la Hougue. » Les îles Chausey, à une époque relativement peu éloignée de nous, au treizième siècle, n'étaient point à la distance qu'elles sont aujourd'hui du continent. Englobant dans leurs intervalles de vastes marais, elles constituaient une chaîne rocheuse, qui avec les Minquiers, au nord, et d'autres îlots, au sud, protégeait contre les invasions de la mer les terres basses de la baie actuelle de Cancale. Près de Regnéville, le promontoire de la Pointe d'Agon ne s'est formé que depuis 250 ans. Pendant que cet atterrissement s'avance vers le sud, il est entamé à l'ouest, et la mer est plus profonde sur les rochers voisins du rivage qu'elle ne l'était autrefois.

A l'embouchure du Couesnon, dans la vaste baie du Mont-Saint-Michel, commencent les côtes du département d'Ille-et-Vilaine.

III. — Cours d'eau ; canaux.

Le Cotentin, n'offrant qu'un versant de faible largeur, n'a point de grandes rivières : celles qui reçoivent des bâtiments, telles que la Vire, ne les portent que dans la partie maritime de leur cours. Les eaux du département s'écoulent presque entièrement dans la mer de la Manche; l'Océan ne reçoit, par

Saint-Lô.

a Mayenne, la Maine et la Loire, que les ruisseaux de 4 à 5 communes.

Vers la Manche se dirigent la Vire, la Taute, la Sinope, la Saire, le ruisseau de Pont-aux-Fèvres, le ruisseau de la Couplière, la Divette, la Diélette, le ruisseau du Rozel, la Gerfleur, la Grise ou rivière d'Olonde, l'Ay, la Sienne, le Boscq, la Saigue, le Tar, la Sée, la Sélune, le Couesnon et un grand nombre de ruisseaux.

La **Vire** naît sur les confins de la Manche et du Calvados, au pied de la colline de Saint-Sauveur-de-Chaulieu (367 mètres). Après avoir servi pendant 3 kilomètres de limite aux deux départements, elle entre dans le Calvados, y baigne le pied de l'éminence qui porte la ville de Vire, puis, à 3 kilomètres en aval de Pont-Farcy, entre définitivement dans le département de la Manche. Elle y baigne Tessy, Condé, Sainte-Suzanne, la Mancellière, Saint-Lô, prête sa vallée au chemin de fer de Saint-Lô à Lison, puis à celui de Paris à Cherbourg, arrose Rampan, Pont-Hébert et la Meauffe. A 3 kilomètres en aval de l'embouchure du canal de Vire-et-Taute (*V.* p. 19), elle sert de nouveau de limite, jusqu'à son embouchure, entre le département de la Manche et celui du Calvados. A partir du pont du Vey, elle parcourt une grève, couverte à marée haute, où serpente aussi l'Ouve, et tombe dans la Manche entre les bancs du Grand-Vey et les rochers de Grandcamp. Cours, 132 kilomètres, dont 46 dans le département de la Manche. La Vire est navigable de Pont-Farcy à la mer, sur une longueur de 45,900 mètres. Il reste encore, entre Pont-Farcy et Vire (Calvados), 27 kilomètres environ à canaliser. En aval du chenal d'Isigny, la navigation est exclusivement maritime. Les transports consistent pour les deux tiers en chaux, tangues et engrais de mer.

La Vire reçoit dans le département : — en aval de Tessy, (rive droite) la *Sacre*; — le *ruisseau de Condé* (rive droite), au village de ce nom; — en aval de la Mancellière, (rive gauche) le *ruisseau de Gourfaleur*; — un peu plus bas, (rive gauche) la *Joigne*; — à Saint-Lô, (rive droite) le *Torteron* et la *Dolée*; — en face de Montmartin-en-Graignes, (rive droite) l'*Elle*, rivière qui naît au-dessus de Notre-Dame-d'Elle, près de Rouxeville, passe à Bérigny et à Moon, coupe le chemin de fer de Lison à Saint-Lô, puis entre dans le département du Calvados, où elle a son embouchure. L'affluent de l'Elle le plus important est le *Rieu* (rive droite), qui appartient au Calvados, mais qui sert de limite à la Manche pendant quelques centaines de mètres entre la gare de Lison et son embouchure à 1 kilomètre en aval.

La **Taute** naît à Camprond, passe au pied de Saint-Sauveur-Lendelin, traverse les marais de Carentan, et tombe dans la Manche au passage du Grand-Vey. Cours, 55 kilomètres. La Taute est navigable depuis le moulin de Mesnil jusqu'à la rencontre de l'Ouve, sur 21 kilomètres; mais la navigation y est très-faible en amont du confluent de la Vanloue. Elle est fréquentée par des gabarres de 10 à 15 tonneaux. Les matières transportées consistent en tangues et engrais marins.

La Taute a pour affluents : — (rive droite) le *Lozon* (25 kilomètres), qui naît dans le canton de Marigny et a son embouchure à Tribehou; — (rive droite) la *Térette* ou *Terrette* (35 kilomètres), qui a sa source au-dessus de Carantilly et se mêle à la Taute en face de Saint-André-de-Bohon; ce cours d'eau est considéré comme navigable sur 7 kilomètres; — et (rive gauche) l'**Ouve.** L'Ouve naît à 6 kilomètres au sud de Cherbourg, à la lande de la Gravelle, commune de Tollevast, dans des collines de schistes et de grès de 177 mètres. Elle passe à Sottevast, reçoit la *Gloire* (rive gauche) et la *Claire* (rive droite) à Négreville, puis la *Seye* (près de Magneville; rive droite) descendue des collines de Grosville et de Saint-Germain-le-Gaillard (120 mètres) et grossie du *ruisseau de Bricquebec.* L'Ouve recueille ensuite les eaux de la *Sandre* (près de Sainte-Colombe; rive droite) venue des collines de Saint-Pierre-d'Arthéglise, baigne Saint-Sauveur-le-Vicomte, s'engage dans de vastes prairies marécageuses, s'augmente du *Merderet* (30 kilomètres ; rive gauche), de la rivière de Valognes, et de la Sève (rive droite), puis se jette dans la Taute au Four-de-Taute, au-dessous de Carentan. Cours, 69 kilomètres. L'Ouve est navigable depuis Saint-Sauveur-le-Vicomte jusqu'à son embouchure, sur une longueur de 30 kilomètres. Elle est parcourue par des gabarres de 18 tonnes. — La *Sève* ou *Sèves* (35 kilomètres) naît dans le canton de Périers, reçoit la *Holcrotte* au-dessous de Nay, et le canal du Plessis (*V.* p. 20), qui sert au dessèchement des marais de Saint-Georges. A partir de la chaussée de Baupte, la Sève se partage en deux bras : l'un qui garde le nom de Sève, et l'autre, celui de droite, qui prend le nom de *Madelaine.* Le premier est classé comme navigable jusqu'à sa rencontre avec l'Ouve, sur 7 kilomètres; l'autre ne l'est qu'à partir de l'extrémité de ce qu'on appelle le *canal d'Auvers*, sur 6 kilomètres.

La *Sinope* naît dans les collines de Montaigu, passe à Saint-Martin-d'Audouville et débouche dans l'Océan sur la plage de Quinéville.

La *Saire* descend des collines du Mesnil-au-Val, baigne le Vast, Valcanville, Anneville, et tombe dans la Manche entre Barfleur et Saint-Vaast. Cours, 35 kilomètres.

Les ruisseaux insignifiants de *Pont-aux-Fèvres* et de la *Couplière* ont leurs embouchures près du Raz-de-Gatteville.

La *Divette* descend des collines de Bricquebosq (132 mètres), reçoit le *Trottebec*, et se jette dans le port de Cherbourg. Cours, 26 kilomètres.

Entre l'embouchure de la Divette et le cap de la Hague débouchent dans la mer de nombreux petits cours d'eau dont les moins insignifiants sont : le *ruisseau Lucas*, augmenté du *ruisseau de Rouland;* le *ruisseau des Castelets*, qui a, comme le précédent, son embouchure près de la Pointe de Querqueville; la *Biale*, qui passe à Urville-Hague; l'*Hubillane;* la *rivière de la Sabine*, que domine Éculleville, et la *rivière d'Omonville-la-Rogue*.

Au sud du cap de la Hague, dans l'anse de Vauville, village dont l'étang, ou *mare de Vauville*, n'est séparé de la mer que par une étroite bande de sable, on rencontre successivement l'embouchure du *Petit-Doué*, celle du *ruisseau de la Grande-Vallée*, grossi du *ruisseau de Branval*, celui du *Val-Tollé*, voisin de Biville, le petit fleuve formé par la réunion des *ruisseaux des Mines* et *de Claire-Fontaine*, la *rivière de Siouville*.

La *Dielette* descend des collines de Grosville (126 mètres), baigne Benoîtville, Tréauville, et tombe dans la Manche à Diélette.

Le *ruisseau du Rozel* débouche dans l'anse de Sciotot.

La *Gerfleur* est le petit fleuve qui se perd dans le havre de Carteret.

....

La *Grise*, ou *rivière d'Olonde*, passe près de Canville et du château d'Olonde, baigne Ourville et se jette dans la Manche aux grèves du havre de Portbail.

L'*Ay* (55 kilomètres) prend sa source à Montsurvent, passe à Lessay et tombe dans la Manche, par un large estuaire, aux grèves de Saint-Germain-sur-Ay, en face de Jersey.

La **Sienne** (76 kilomètres) naît dans les collines que recouvre la forêt de Saint-Sever (Calvados), arrose Saint-Maur-des-Bois, Villedieu-les-Poëles, Gavray, Quettreville, Hyenville, et tombe dans la Manche au havre de Regnéville. Elle est navigable du confluent de la Soulle à la mer (7 kilomètres), avec un tirant de 1 mètre 20. Le mouvement annuel est de 5000 à 6000 tonnes. — La Sienne a pour affluents : — près de l'Orbehaie (rive droite), le *ruisseau* qui passe près *de Percy ;* — près du château de Ver, en aval de Gavray, (rive gauche) l'*Airon* ou *Héron*, qui passe à Beauchamps ; — à Quettreville, (rive droite) la *Vanne;* — au pont de la Roque, (rive droite) la *Soulle* (45 kilomètres), qui naît au nord de Percy, dans des collines de 276 mètres, passé près de Cerisy-la-Salle et à Coutances. De cette ville jusqu'à son embouchure, la Soulle est suivie par le canal de Coutances.

Le *Boscq* est la rivière de Granville.

La *Saigue* tombe dans la mer à Saint-Pair.

Le *Tar* (25 kilomètres) passe à la Haye-Pesnel, traverse le petit lac appelé *Mare de Bouillon*, coule au milieu des dunes, et, prenant la direction du nord, a son embouchure près de Saint-Pair.

La **Sée** (65 kilomètres) a sa source dans le canton de Sourdeval, dans des collines de 312 mètres d'altitude, passe à Chérencé-le-Roussel, à Cuves, près de Brécey, à Vernix, à Ponts, à Saint-Jean-de-la-Haize, au pied de la colline d'Avranches, et se jette, en même temps que la Sélune, dans la baie du Mont-Saint-Michel. Parmi ses nombreux affluents, tous insignifiants, nous citerons la *Braise*, qui a son embouchure en vue d'Avranches, et la *rivière de Bieu*, qui prend sa source à Saint-Martin-le-Bouillant. La Sée est navigable à partir de Tirepied (22 kilomètres), mais la navigation, impossible sans l'aide des marées, est de fait nulle, à cause des dangers qu'offrent les vastes grèves mobiles où s'égare la rivière.

La **Sélune**, ou *Célune* (60 kilomètres), naît dans les collines de Saint-Cyr-du-Bailleul (170 mètres), passe à Saint-Hilaire-du-Harcouet, à Ducey, à Pontaubault, et se jette dans la baie du Mont-Saint-Michel. Elle est censée navigable depuis le port de Ducey (15 400 mètres); mais les grèves rendent l'entrée en rivière et la sortie impossibles. — Les principaux affluents de la Sélune sont: — (rive droite) la *Canse* ou *Cance*, qui naît dans des collines granitiques de plus de 300 mètres, passe à Saint-Clément, à Mortain, où elle coule dans un vallon bordé de rochers pittoresques; la Canse et le *Canson*, son affluent, forment à Mortain les belles cascades du Saut-du-Diable et du Saut-du-Puits; — l'*Oir;* — près de Saint-Hilaire-du-Harcouet (rive gauche), l'*Airon*, qui descend de la Dorée (Mayenne); — (rive gauche) le *Beuvron*, qui naît dans la commune de Parigné (Ille-et-Vilaine) et arrose Saint-James.

Le **Couesnon** prend sa source dans la commune de Saint-Pierre-des-Landes (Mayenne). Il sépare le département de la Manche de celui d'Ille-et-Vilaine et baigne Pontorson avant de se jeter dans l'anse la plus reculée de la baie du Mont-Saint-Michel. Il est censé navigable sur une longueur de 21 kilomètres; mais la navigation y est nulle par suite du danger que courent les navires en s'aventurant sur les grèves mobiles de l'embouchure. Ils doivent s'arrêter à Moidrey, à l'extrémité sud du canal construit par la compagnie des Polders de l'Ouest et repris par l'État comme canal navigable. Mais le mouillage dans ce canal est très-mauvais à cause du fort courant qui y existe. Pour remédier à cet inconvénient, on a déjà exécuté dans le Couesnon une rectification dite *coupure des Milardières;* une seconde *coupure*, dite *du Pas-du-Bœuf*, a été déclarée d'utilité publique en 1874. Pontorson deviendra donc prochainement un port secondaire d'un accès sûr et facile, qui comblera la lacune que présente l'étendue d'environ 70 kilomètres de côtes entre le Vivier (Ille-et-Vilaine) et le port de Granville. — Le Couesnon reçoit dans le département, et par la rive droite : — le *Tronçon* (grossi du *ruisseau de la Martelais*), qui a sa source et son embouchure dans Ille-et-Vilaine, mais qui sert de limite, pendant quelques kilomètres, au département de la Manche; — la *Dierge*, qui naît aussi dans Ille-et-Vilaine, et qui passe à Argouges; — et le *Loison*, qui a sa source près de Villiers.

Le département de la Manche n'envoie à la Loire, par la Mayenne et la Maine, que les eaux de deux rivières : ces deux rivières sont l'Égrenne et le Colmont.

L'*Égrenne* naît près de Saint-Martin-de-Chaulieu, sert, pendant quelques kilomètres, de limite entre la Manche et l'Orne, puis entre dans ce dernier département, où il a son embouchure, à Torchamp, dans la Varenne, affluent de la Mayenne.

Le *Colmont* a sa source dans des collines du canton du Teilleul, sert de limite entre la Manche et la Mayenne, et se jette dans la Mayenne, à Mons.

Canaux. — Le **canal de Vire-et-Taute** réunit ces deux rivières, à 10 kilomètres environ en amont de leur embouchure. Il a son origine sur la Vire, au hameau du Porribet, et se termine sur la Taute, au hameau de Cap, en amont de Carentan. Sa longueur est de 11 800 mètres. On y a joint, pour la concession, la Vire canalisée, de Saint-Lô au Porribet, sur une longueur de 20 kilomètres. Le mouillage du canal est de 1^m^30 ; la pente totale, de 9 mètres, est rachetée par 6 écluses. La moyenne annuelle des transports (sables, chaux, tangues) est de 24 500 tonnes par kilomètre.

Le **canal de Coutances** met la ville de ce nom en communication avec la Sienne au pont de la Roque. Il suit la rivière de Soulle, depuis Coutances jusqu'à son embouchure. Il a une longueur de 5632 mètres; son mouillage est de 1^m^30; la pente, de 9^m^60, est rachetée par 4 écluses. Le canal, débouchant dans la Sienne en un point où cette rivière est ensablée, n'est accessible que par la marée. Son trafic annuel s'élève à une moyenne kilométrique de 5400 tonnes de tangue.

Le **canal du Plessis** (4600 mètres) va des mines de houille du Plessis au pont de Baupte, où la Sève commence à devenir navigable. Son mouillage normal est de 1 mètre. Il est de niveau dans toute son étendue.

IV. — Climat.

Le climat du département de la Manche est, pour plusieurs causes, essentiellement tempéré : ces causes sont le voisinage de la mer, qui a le privilége d'adoucir, d'égaliser la température; la faible altitude du territoire, dont le point le plus haut n'a que 368 mètres; enfin la double influence du *gulf-stream* et des vents du sud-ouest, qui apportent avec eux les chaudes effluves des mers tropicales. Baignées par les moites vapeurs d'un autre climat, les côtes de la Manche jouissent ainsi d'une température bien supérieure à celle qui appartiendrait normalement à leur latitude. A Cherbourg, la température moyenne de l'année, qui est de 11° à 11°,5, dépasse d'un degré et demi environ celle de Verdun, ville située sous une latitude un peu plus méridionale. Aussi, dans diverses localités du littoral occidental du département, et même à Coutances, on rencontre des myrtes, des camélias et des fuchsias en pleine terre.

Le climat de la Manche, qui ressemble à celui de l'Angleterre méridionale, est un climat maritime, par conséquent doux et modéré, par opposition aux climats continentaux qui, faute de vents de mer, faute de pluies, sont froids et variables. On divise généralement la France en sept climats; et de ces sept climats, celui qui règne sur la Manche est le climat *armoricain*.

Ce climat est généralement sain; mais, dans le voisinage des marais, notamment à Carentan et dans ses environs, règnent les fièvres intermittentes. — La quantité d'eau tombée chaque année n'y est pas de beaucoup supérieure à la moyenne de la France; mais elle y tombe avec moins de violence et d'une manière persistante, ce qui fait paraître le climat de la Manche très-pluvieux. Si toute l'eau tombée du ciel pendant l'année restait sur le sol sans être absorbée par la terre ou vaporisée par le soleil, on recueillerait, en moyenne, dans les douze mois, une nappe d'eau profonde de 75 centimètres à Saint-Lô, de 80 à Valognes, de 83 à Cherbourg, de 84 à Coutances, de 87 à Avranches.

V. — Curiosités naturelles.

Le département de la Manche n'a ni hautes montagnes, ni grands lacs, ni grandes rivières. On n'y trouve par conséquent

Environs de Mortain : chapelle Saint-Michel.

ni glaciers, ni belles cascades, ni cirques de rochers, ni grandes sources, ni gouffres. Mais les bords de la mer y sont admirables avec leurs belles falaises, percées de grottes, et leurs jolies plages.

Les plus belles *falaises* sont celles de Flamanville, comprises entre le petit port de Diélette, au nord, et la plage de Sciotot, au sud. Longues, en suivant toutes leurs sinuosités, de 16 à

20 kilomètres, elles offrent une diversité d'aspects tous grandioses et imposants. Leur hauteur varie de 70 à 100 mètres. Les rochers qui les soutiennent sont noirs à leur base, rougeâtres au-dessus et enfin d'un blanc grisâtre au sommet. Les rochers supérieurs, dont les masses sont indépendantes les unes des autres, sont groupés et accidentés de la plus merveilleuse manière; et le point culminant de la côte, connu sous le nom de *Gros-Nez de Flamanville*, présente certainement les plus belles masses granitiques qui se puissent voir. Dans ces belles falaises s'ouvrent plusieurs cavernes, dont la plus importante est le *Trou-Baligan*. Les falaises de Jobourg, moins longues que celles de Flamanville, ont au moins 125 mètres de hauteur. Elles sont hérissées de rochers abrupts et entrecoupées d'immenses précipices. On y remarque de profondes cavernes, notamment celles du Lion-au-Sorcier et de la Grande-Église, qui sont l'objet de nombreuses légendes.

Dans l'intérieur du département, le site le plus pittoresque est, sans contredit, celui de Mortain. Près de cette ville, les bords de la Cance offrent de charmants paysages : la rivière y roule à travers des blocs de rochers ses eaux écumeuses, qui forment une longue suite de petites cascades. Au-dessous de l'abbaye Blanche, la Cance fait une chute plus importante, haute de 20 mètres, au pied de hautes murailles de roches pittoresques.

Enfin nous mentionnerons le petit lac appelé *Mare de Bouillon* (58 hectares de superficie), dont les rives sont agrestes et maritimes.

VI. — Histoire.

D'après les *Commentaires* de César, le département actuel de la Manche était occupé par un peuple puissant, les *Unelles*. Ce peuple, en l'année 57 avant J.-C., avait d'abord sans résistance accueilli les troupes romaines, mais n'avait pas tardé à deviner les projets ambitieux de César, déjà vainqueur de la grande confédération des Belges. Aussi, l'année suivante

(56), les Unelles entrèrent-ils dans la ligue formée par les peuples des côtes de l'Océan et de la Manche. Leur chef, *Viridovix*, est un des premiers défenseurs de l'indépendance gauloise dont César nous ait laissé le nom. A la tête d'une armée nombreuse, secondé par les peuples de Lisieux et même d'Évreux, Viridovix se prépara à soutenir le choc des légions que com-

Environs de Mortain : cascade de la Cance.

mandait Q. Titurius Sabinus. Mais les Gaulois, ayant eu l'imprudence d'attaquer l'armée romaine, fortement retranchée, furent mis en déroute, et cette défaite entraîna la soumission des Unelles et des peuples voisins.

Parmi ces voisins étaient les *Abrincatui*, dont le chef-lieu prit plus tard le nom du peuple et devint la cité d'*Avranches*. Les géographes et les antiquaires sont très-divisés sur les noms primitifs des villes du Cotentin. Coutances (*Cosedia*), l'une des plus antiques, prospéra sous la domination romaine, et même, à partir du quatrième siècle, elle fut reconnue comme une des sept cités de la seconde Lyonnaise, avec celle d'Avranches. Son nom fut alors changé en celui de *Constantia* (peut-être en l'honneur de Constance Chlore, qui la fit fortifier), et ce nom qui, altéré, devint celui de Coutances, fut aussi celui du pays, le *Cotentin*.

A partir du cinquième siècle, des noms restés célèbres dans la contrée montrent que le christianisme avait déjà fait de grands progrès dans le Cotentin. Saint Pair était évêque d'Avranches; saint Lô, cinquième évêque de Coutances. Enfin, au commencement du huitième siècle (710), saint Aubert, évêque d'Avranches, élevait, sur le mont *Tumba*, aujourd'hui Mont-Saint-Michel, les premières constructions d'un monastère qui devint un centre religieux célèbre dans le monde entier. Les rois comblèrent de richesses ce monastère privilégié, qui attira une foule considérable de pèlerins durant tout le moyen âge. Lorsque les invasions des Normands répandirent la terreur dans le Cotentin, lorsque les villes mêmes d'Avranches (869) et de Coutances (886) furent dévastées par les pirates, un grand nombre de paysans cherchèrent un refuge sur le Mont-Saint-Michel et formèrent une ville qui s'étagea par gradins sur le versant du rocher.

Les Normands s'établirent ensuite à demeure dans le pays qu'ils avaient ravagé. Charles le Simple leur céda, en 912, une partie de la Neustrie, et le Cotentin fut compris dans cette donation. Les Normands ne devinrent pas immédiatement des cultivateurs paisibles; mais, possesseurs du sol, intéressés à la prospérité du pays, ils défendirent leurs domaines contre toutes les attaques, et permirent à l'ancienne population de travailler avec sécurité.

Avec l'établissement des Normands coïncida celui du système féodal; les chefs normands devinrent la tige de maisons

Le Mont-Saint-Michel.

puissantes, et lorsque, en 1066, Guillaume le Bâtard entreprit la conquête de l'Angleterre, il fut suivi d'une nombreuse noblesse sortie du Cotentin. Ce fut un évêque de Coutances, Gaufrid ou Geoffroy de Montbray, qui célébra la messe et bénit les drapeaux normands avant la bataille d'Hastings.

La conquête de l'Angleterre ne procura aucun avantage à la Normandie, qui souffrit longtemps des luttes engagées entre les rois d'Angleterre et les rois de France; elle souffrait également des conflits qui s'élevaient avec les ducs de Bretagne, car l'ambition des rois anglais était de réunir la Bretagne à la Normandie. La rivalité la plus sérieuse était celle des rois anglo-normands et des rois de France : elle s'aggrava surtout lorsque la couronne d'Angleterre eut passé à la famille des Plantagenets et que Louis VII, par un divorce imprudent, eut encore augmenté les domaines de cette famille, qui s'enrichit de la dot de la reine Éléonore de Guyenne. Heureusement pour le roi de France, Henri II s'engagea dans une lutte violente contre l'Église d'Angleterre, et compromit sa puissance par un crime, le meurtre de l'archevêque de Cantorbéry, Thomas Becket. L'épilogue de ce drame saisissant eut lieu dans la cathédrale d'Avranches, en 1172. Là, en effet, devant plusieurs évêques et abbés au milieu desquels on remarquait le plus illustre et le plus savant des abbés du Mont-Saint-Michel, Robert de Thorigny, le roi Henri II fit amende honorable pour le meurtre dont il se reconnut la cause involontaire par ses plaintes imprudentes. Il reçut l'absolution de la main des légats, à la porte de la cathédrale de Saint-André, à genoux sur une pierre qu'on montre encore aujourd'hui.

Henri II vit la fin de son règne troublée par les révoltes continuelles de ses fils qu'encourageait le roi Louis VII, et la puissance des rois anglais, qui avait paru d'abord si dangereuse, ne tarda pas à s'affaiblir après le règne de Richard Cœur-de-Lion. L'habileté et la vigueur de Philippe, Auguste parvinrent à enlever à l'Angleterre cette Normandie qui, restée française tandis que ses anciens maîtres étaient presque devenus Saxons, rentra avec joie sous l'autorité des rois de France.

Le roi Jean ayant lâchement assassiné son neveu Arthur (1203), Philippe Auguste fit sommer le roi anglais, comme son vassal, de comparaître devant sa cour, devant les barons ses pairs. Jean se garda bien de venir. Alors un jugement, prononcé selon les lois féodales, rendit à la France le Vexin, la Normandie, le Maine, l'Anjou et la Touraine.

La haute et la basse Normandie furent vite conquises. Toutefois le Mont-Saint-Michel résista ; la ville dut être prise d'assaut et fut détruite. Philippe Auguste répara ensuite généreusement les maux de la guerre et apprécia les motifs de fidélité au suzerain qui avaient déterminé les défenseurs du monastère à lutter contre les Français. Le Mont-Saint-Michel devait plus tard, et avec plus de succès, résister aux attaques des Anglais. Néanmoins cette lutte et la difficulté qu'éprouvaient les Français à cette époque pour engager une guerre maritime empêchèrent Philippe Auguste d'ajouter à sa conquête les îles normandes de Jersey, Guernesey et Aurigny, qui restèrent et sont demeurées attachées à l'Angleterre.

De l'année 1204 à l'année 1328, la Normandie respira. Rendue au domaine royal, revenue à la patrie française, elle oublia ses anciens maîtres, et la paix n'ayant pas été troublée sous les règnes de saint Louis et de Philippe le Bel, la prospérité reparut. Cette prospérité même devait exciter la convoitise des rois anglais, qui regrettaient toujours la perte d'un « si gras pays ». Aussi, lorsque éclata la guerre de Cent-Ans, la Normandie fut-elle la première proie dont Édouard III tenta de s'emparer. Et ce fut un Normand, un seigneur du Cotentin, qui l'excita à recouvrer ce qu'il appelait « son héritage » et qui le guida dans sa première invasion.

Geoffroy d'Harcourt, seigneur de Saint-Sauveur-le-Vicomte, voulant se venger de Philippe de Valois, qui avait fait décapiter plusieurs seigneurs normands accusés d'avoir, ainsi que Geoffroy, traité avec le roi d'Angleterre, se retira auprès d'Édouard III (1344). Il n'avait pas besoin d'exciter l'ambition du monarque anglais, mais il lui conseilla de changer la direction de l'attaque projetée contre la France.

Édouard prit terre à la Hougue, le 12 juillet 1346. Guidé par Geoffroy d'Harcourt, qui connaissait bien cette contrée, il traversa le Cotentin. Les Anglais « trouvèrent le pays gras et plantureux de toutes choses ». A Saint-Lô, ajoute Froissart, « nul homme ne peut penser ni croire le grand avoir qui là fut gagné et la grande foison de draps qu'ils y trouvèrent. » Le Cotentin éprouva donc le premier les maux de cette terrible guerre dont les ravages devaient, dans un intervalle de cent ans, s'étendre à la France entière.

La déroute de Crécy fit cependant réfléchir Geoffroy d'Harcourt. Il avait combattu à côté du prince de Galles et n'avait pas réussi à sauver les jours de son frère Jean, comte d'Harcourt, qui tomba en combattant sous l'étendard de la France. Geoffroy quitta l'armée anglaise et se réconcilia avec Philippe de Valois, qui lui octroya sa grâce, lui rendit ses biens et l'autorisa à relever son château de Saint-Sauveur. Mais, sous le règne du roi Jean, il passa dans le parti des mécontents et prit part à l'odieux guet-apens qui coûta la vie au connétable Charles d'Espagne. Jean crut couper court à cette conjuration des barons normands en saisissant, à la table même de son fils le dauphin, à Rouen, les seigneurs qui lui avaient été dénoncés; il en fit immédiatement décapiter plusieurs sans aucune forme de procès. Parmi les victimes se trouvait le neveu de Geoffroy, le comte d'Harcourt (1356).

Irrité et effrayé, Geoffroy se tourna de nouveau vers Édouard III, qui oublia son ancienne défection. Geoffroy, avec ses partisans et des troupes anglaises, commença la guerre contre les troupes du roi Jean, et son audace fut accrue par l'échec des Français à Poitiers (1356). Malgré ce désastre, le régent Charles, duc de Normandie, ne négligeait pas d'opposer des troupes aux Anglais et aux partisans de Geoffroy, maîtres du Cotentin. Une colonne expéditionnaire poussa une pointe jusqu'à Barfleur, mais Geoffroy accourut et chercha à détruire l'armée de Robert de Clermont durant sa retraite. L'action s'engagea au passage des Veys. L'armée française avait franchi le bras de rivière formé par le confluent de l'Ouve, de la Sève et de la Taute ; elle défilait sur l'étroite chaussée qui traversait les marais de Brévands. Les Français attaqués résistèrent bravement, et Geoffroy d'Harcourt reçut dans le combat une mort plus glorieuse que celle qu'il avait méritée pour ses trahisons (1356).

La mort de Geoffroy d'Harcourt ne délivra pas cependant le pays des Anglais, qui en restèrent maîtres jusqu'en 1360, avec les partisans du roi de Navarre. Les Navarrais s'étaient solidement établis à Carentan, au Pont-d'Ouve, à Pont-l'Abbé, à Valognes et à Cherbourg. Les Anglais occupaient Barfleur et, au centre de la presqu'île, le château de Saint-Sauveur. Le traité de Brétigny, du reste, laissa à Édouard III les biens de Geoffroy d'Harcourt, que le roi anglais donna à un de ses vaillants guerriers, Jean Chandos. Même après le traité de Brétigny, lorsque la plupart des places du Cotentin eurent été rachetées, les garnisons anglaises de Saint-Sauveur, des forts de Saint-Vaast et de Lingèvre ne cessèrent de désoler les campagnes de la basse Normandie. De plus les Grandes-Compagnies ajoutaient leurs ravages à ceux des Anglais.

Cependant un temps meilleur s'annonçait : au début du règne de Charles V, Bertrand du Guesclin, déjà vainqueur des bandes navarraises à la journée de Cocherel (1364), s'avança vers la basse Normandie, et, secondé par Olivier de Mauny, il enleva les principales positions qui étaient au pouvoir des Navarrais dans le Cotentin : Carentan, le Pont-d'Ouve, Néhou, Magneville et Valognes. Toutefois, malgré les succès de du Guesclin, la lutte contre les Anglais et les Grandes-Compagnies dura jusqu'en 1369. En 1375, le château de Saint-Sauveur fut enfin repris. Ces longues luttes avaient amené une misère affreuse : un grand nombre de paroisses étaient entièrement dépeuplées ; les loups erraient librement, et, pour comble de malheur, la guerre civile des Armagnacs et des Bourguignons allait se compliquer de la guerre étrangère. Les Anglais revenaient plus nombreux, plus redoutables sous un chef plus ambitieux qu'Édouard III, Henri V.

La Normandie devint une province anglaise après la prise

de Caen (1417) et de Rouen (1418). Le Cotentin fut obligé de recevoir ses anciens maîtres d'outre-mer, et de leur obéir, jusqu'en 1449. Seul le Mont-Saint-Michel resta exempt de la domination étrangère. Aussi les écrivains normands ont-ils exalté cette résistance du célèbre monastère, qui, à partir de 1421, repoussa toutes les attaques. Les chevaliers du pays qui ne voulaient pas courber la tête sous le joug de l'étranger, avaient cherché un asile sur ce rocher invaincu, et leurs noms furent conservés par les religieux qui les avaient fait graver avec leurs armoiries, liste glorieuse qui nous a été conservée par Dom Huynes.

Les opérations qui firent rentrer la basse Normandie sous la domination française furent dirigées par François, duc de Bretagne, et par le connétable Arthur de Richemont.

Au mois de septembre 1449, ces deux barons conduisirent sous les murs de Coutances une armée d'environ six mille hommes et firent dresser dans le jardin des Jacobins une grosse bombarde qui devait servir à pratiquer une brèche dans les murailles de la ville. A la vue de ces préparatifs, les habitants manifestèrent hautement le désir qu'ils avaient d'être délivrés de l'occupation anglaise et ouvrirent leurs portes. Saint-Lô se rendit également, et les principaux châteaux du pays tombèrent successivement au pouvoir des Français. Les Anglais cependant ne pouvaient se laisser ainsi enlever la Normandie sans tenter au moins un effort pour la ressaisir. Vers la mi-mars 1450, un corps de cinq mille hommes, commandé par Thomas Kyriel, débarqua à Cherbourg, puis occupa Valognes et se vengea, par des dévastations horribles, des échecs qu'essuyaient depuis si longtemps les Anglais. Puis il voulut gagner le Bessin. Le comte de Clermont, qui était à Carentan, le suivit avec les troupes du Cotentin, et, ayant été rejoint par le connétable de Richemont, livra l'heureux combat de Formigny (Calvados), qui assura la délivrance de la Normandie.

Cherbourg resta la dernière place occupée par les Anglais. Elle soutint un siége en règle et ne se rendit que le 12 août 1450, date à jamais célèbre dans les annales de la Normandie, puisqu'elle est celle du départ définitif de ces Anglais qui l'avaient si longtemps possédée et pillée, et qui n'en pourront plus désormais insulter que les côtes, grâce aux îles qui restaient en leur pouvoir.

La paix ne régna pas toutefois encore dans la Normandie. Sous le règne de Louis XI, les habitants soutinrent la cause de son frère Charles, qu'il avait été obligé d'investir du duché et qu'il avait ensuite dépouillé. Aussi le roi voulut-il se venger des villes qui s'étaient montrées favorables à son frère, et Coutances eut à subir ses rigueurs (1465). Il fit abattre les fortifications de la ville.

Après les guerres d'Italie vinrent les guerres civiles religieuses. La Réforme fit de rapides progrès dans le Cotentin, et la majorité des habitants de Saint-Lô devint protestante. Les chefs du parti protestant dans la basse Normandie furent le comte de Montgommery et le seigneur de Bricqueville-Colombières. Les catholiques avaient à leur tête Jacques de Matignon, lieutenant du roi et gouverneur de Cherbourg. D'abord vainqueurs, les protestants obligèrent Matignon à se renfermer dans Cherbourg, mais ne purent l'y forcer. Valognes, Carentan, Coutances, Avranches, enfin Saint-Lô, sont pris et repris (1562). Matignon toutefois empêcha que le massacre de la Saint-Barthélemy fût imité dans le Cotentin (1572). Ce massacre n'en avait pas moins accru l'irritation du parti protestant, et Montgommery revint d'Angleterre avec une petite armée. La guerre recommença avec plus d'acharnement : les principales villes, Carentan, Saint-Lô, Valognes, tombèrent encore une fois aux mains des protestants, et Cherbourg fut de nouveau assiégé. Montgommery choisit Saint-Lô comme sa place d'armes et s'appliqua à fortifier Carentan, qui était la clef de la presqu'île fermée d'une mer à l'autre par une lisière de marais. Il força les paysans à creuser un canal où la mer pût être introduite et qui portât ses eaux et celles de la rivière d'Ouve dans les marais voisins pour les rendre inaccessibles.

Matignon cependant reprit l'offensive ; il bloqua et assiégea Saint-Lô. Montgommery s'en échappa et courut à Domfront. Matignon le poursuivit, car la reine Catherine de Médicis lui avait recommandé de s'attacher surtout à prendre Montgommery, l'auteur involontaire de la mort du roi Henri II. Montgommery se rendit, et, conduit à Paris, fut décapité. Son compagnon Bricqueville de Colombières continua de résister dans Saint-Lô, et se fit tuer sur les remparts. La ville fut prise (18 juin 1574), et les vainqueurs, sans pitié, massacrèrent plus de 300 personnes. Quelques années après la Ligue se formait ; les catholiques, ne comptant plus que sur eux-mêmes, s'associaient et se promettaient de ne reconnaître comme prince qu'un prince catholique. Valognes, Avranches, se distinguèrent par leur attachement à la Ligue. L'avénement d'Henri IV, puis sa conversion (1593), ramenèrent enfin la paix.

Cette paix ne fut troublée, au dix-septième siècle, que par la révolte des *Nu-Pieds* ou paysans armés contre la gabelle. On les appela ainsi du nom de leur chef insaisissable, Jean Nu-Pieds. Le gouvernement de Louis XIII envoya contre les révoltés les troupes de Gassion. La répression fut cruelle (1639).

Sous le règne de Louis XIV, lorsque Colbert eut mis l'industrie en honneur, un établissement situé à Tourlaville attira son attention par les belles glaces qui s'y fabriquaient à l'instar de Venise. Les Vénitiens gardaient pourtant leur secret avec un soin jaloux, car la peine de mort était portée contre les ouvriers qui le révèleraient. Mais deux jeunes gens de Strasbourg s'étaient, à Venise, postés sur les toits pour voir travailler les ouvriers et s'étaient approprié le tour de main qui constituait leur originalité. Ils avaient apporté leur science nouvelle à Tourlaville, et c'est là que le prévoyant et sagace Colbert alla chercher les procédés qui devaient faire de l'industrie des glaces une des plus belles industries françaises.

Durant les longues guerres de Louis XIV, le Cotentin se vit de nouveau aux prises avec ses éternels ennemis, les Anglais. A l'époque de la ligue d'Augsbourg, lorsque Louis XIV entreprit de rétablir sur le trône d'Angleterre le roi Jacques II, le

Cotentin devint le rendez-vous de l'armée qui était chargée de cette expédition, et ce fut non loin de ses rivages que se livra la grande bataille dite de la Hougue (29 mai 1692). A la suite de ce glorieux combat, où durant une journée entière la flotte de Tourville soutint les efforts des flottes combinées de l'Angleterre et de la Hollande, doubles de la sienne, les vaisseaux français se virent dans l'impossibilité de trouver un refuge. Cherbourg ne pouvait leur donner asile ; sa rade magnifique était ouverte et la France manquait, sur ce point si exposé, d'un véritable port de guerre. Une partie de la flotte s'échappa par le Raz Blanchard et le passage de la Déroute. Mais une partie des vaisseaux fut obligée, avec Tourville, de doubler la Pointe de Barfleur et de se réfugier à la Hougue. Tourville y arriva dans la soirée du 31 mai avec douze vaisseaux parmi lesquels *l'Ambitieux*, de 100 canons, monté par Tourville lui-même. La flotte ennemie le poursuivit et enferma dans la rade de la Hougue les vaisseaux français qui s'y trouvaient. Tourville descendit à terre, où il rencontra le roi Jacques II avec le maréchal de Bellefonds qui commandait 7 à 8 mille hommes de troupes françaises et 5 bataillons irlandais destinés à faire une descente en Angleterre. Voyant l'impossibilité de sauver ses vaisseaux, et ne voulant pas les laisser enlever par l'ennemi, Tourville résolut de les faire échouer. Six furent mis à la côte derrière le fort de la Hougue et les autres derrière le fort de Lillet. 200 chaloupes ennemies bien armées s'approchèrent du rivage, les six vaisseaux échoués sous Lillet furent assaillis et brûlés (2 juin) ; le lendemain les six autres furent également brûlés. Tel fut ce qu'on appela le désastre de la Hougue, désastre qu'on exagéra et qui détermina Louis XIV découragé à renoncer à la grande guerre maritime.

Cette leçon, du moins, ne fut pas perdue pour la France, et l'attention se porta dès lors sur le Cotentin. Tandis que certaines de ses villes, heureuses de la paix, ne songeaient, comme Valognes, qu'à copier les modes de Paris et à mériter les railleries de Le Sage dans la comédie de *Turcaret*, Cherbourg devenait la ville principale. Le roi Louis XVI faisait enfin commencer les travaux de la digue. Le roi s'y rendit le 22 juin 1786, et vit immerger une des grandes caisses coniques qui devaient consolider le môle.

Quand la Révolution de 1789 détruisit l'ancien régime, le Cotentin fut à peu près à l'abri des grandes convulsions qui troublèrent d'autres parties de la France. Il ne fut pas entamé par l'armée vendéenne qui, sous les ordres de la Rochejacquelein, se heurta contre la résistance de Granville. Les Vendéens comptaient sur la coopération de la flotte anglaise qui leur fit défaut, et ils furent obligés de se retirer.

Les progrès du port de Cherbourg furent rapides sous le règne de Napoléon Ier, qui était préoccupé de s'assurer une forte position en face de l'Angleterre. Il vint lui-même en 1811 visiter les forts et la digue, dont la construction s'avançait. Enfin, dans notre siècle, Cherbourg fut la dernière étape du roi Charles X, partant pour l'exil, après la Révolution de 1830. Cherbourg, malgré la paix, n'en continua pas moins à voir se développer ses ressources maritimes : arsenaux, bassins, magasins, nouvelles fortifications. La digue, achevée en 1853, fait de la rade une des plus grandioses, une des plus sûres qui soient au monde.

VII. — Personnages célèbres.

Onzième siècle. — Les fils de Tancrède de Hauteville-la-Guichard, qui conduisirent les Normands en Italie et en Sicile.

Douzième siècle. — Landry, poëte, né à Valognes.

Treizième siècle. — Alexandre de Villedieu, né près d'Avranches (1170-1236), écrivain, professeur, grammairien.

Seizième siècle. — Guillaume Morel (1505-1564), savant imprimeur, né au Teilleul. — Louis Le Roy, célèbre helléniste, né à Coutances, mort en 1577. — Jean Brohon, médecin, astrologue, né à Coutances. — René Laurens, seigneur de la Barre, né à Mortain, savant jurisconsulte. — Le cardinal du Perron (1556-1618), né à Saint-Lô, poëte, orateur, ambassadeur d'Henri IV à la cour de Rome.

Dix-septième siècle. — Saint-Évremond (1613-1703), brillant écrivain, né à Saint-Denis-le-Gast. — Le poëte Guillaume de Brébeuf (1618-1661), traducteur et imitateur du poëte latin Lucain ; né à Torigny. — Antoine de Bricqueville, chevalier *de Bretteville*, marin célèbre, né à Bretteville (1635-1674). — Le maréchal de Bellefonds (1635-1699). — L'amiral de Tourville (1642-1701), né au château de Tourville, près de Regnéville, l'un des plus célèbres marins du dix-septième siècle. — François de Callières, diplomate, membre de l'Académie française, participa aux négociations de la paix de Ryswick; né à Cherbourg (1645-1717). — Barrain des Coutures, né à Avranches, mort en 1702, auteur d'une traduction de *Lucrèce* et de la *Genèse*.

Dix-huitième siècle. — L'abbé Castel de Saint-Pierre (1658-1743), philanthrope et écrivain, né à Saint-Pierre-Église. — Le maréchal de Coigny (1670-1759), né au château de Coigny, lieutenant général sous Louis XIV et Louis XV, célèbre par les deux victoires de Parme et de Guastalla. — Frey de Neuville (1693-1774), jésuite, prédicateur. — Louis-Georges Oudard-Feudrix de Bréquigny, né à Granville (1716-1795), membre de l'Académie des Inscriptions et de l'Académie française, auteur d'un précieux recueil de diplômes et chartes. — Legentil de la Galaisière (1725-1792), astronome et voyageur, né à Coutances. — L'amiral Pléville le Peley (1726-1805), né à Granville. — L'ingénieur Duhamel (1730-1816), membre de l'Académie des sciences, né à Nicorps. — Le comte d'Aboville (1730-1819), général d'artillerie, sénateur, pair de France. — L'abbé de Beauvais (1731-1790), né à Cherbourg; prédicateur, évêque de Senez, député aux États généraux. — Élie de Beaumont (1732-1786), né à Carentan, jurisconsulte, avocat au Parlement de Paris, se rendit célèbre par son *Mémoire pour les Calas.* — Pierre le Tourneur (1736-1788), né à Valognes, le traducteur de Shakespeare. — Le général Dagobert (1736-1794), né à la Chapelle-Enjuger.

Dix-huitième et dix-neuvième siècle. — LEBRUN, duc DE PLAISANCE (1739-1824), homme d'État, littérateur, né à Saint-Sauveur-Lendelin. — Le baron DACIER (1742-1833), né à Valognes, érudit et littérateur, membre du Tribunat, de l'Académie des Inscriptions et de l'Académie française. — VICQ D'AZYR (1748-1794), né à Valognes; célèbre médecin et anatomiste, membre de l'Académie des Sciences et de l'Académie française. — LE TOURNEUR (1751-1817), né à Granville, membre du Directoire. — Le général VALHUBERT, né à Avranches en 1764, tué à la bataille d'Austerlitz (1805). Sa ville natale lui a élevé une statue.

Dix-neuvième siècle. — DU HÉRISSIER DE GERVILLE (1769-1853), naturaliste et archéologue, né à Gerville. — JEAN-LOUIS BURNOUF (1755-1844), né à Urville, philologue, membre de l'Académie des Inscriptions, traducteur de Tacite et auteur d'une grammaire grecque.—Le général LEMAROIS (1776-1836), né à Bricquebec, où se voit sa statue. — Le chimiste PELOUZE (1807-1867), membre de l'Académie des Sciences, né à Valognes. — L'astronome LE VERRIER (1811-1877), né à Saint-Lô. — Le peintre JEAN-FRANÇOIS MILLET, né à Gréville en 1815, mort en 1878. — M. LÉOPOLD DELISLE, paléographe et historien, membre de l'Institut, né à Valognes en 1826.—M. OCTAVE FEUILLET, né à Saint-Lô en 1812, littérateur, romancier, auteur dramatique, membre de l'Académie française.

VIII. — Population, langues, culte, instruction publique.

La *population* de la Manche s'élève, d'après le recensement de 1876, à 539,910 habitants (261,951 du sexe masculin, 277,959 du sexe féminin). A ce point de vue, c'est le 19e département. Le chiffre des habitants divisé par celui des hectares donne environ 91 habitants par 100 hectares ou par kilomètre carré; c'est ce qu'on nomme la *population spécifique*. Sous ce rapport, la Manche est le 11e département. La France entière ayant 69 à 70 habitants par kilomètre carré, il en résulte que la Manche renferme, à surface égale, 21 à 22 habitants de plus que l'ensemble de notre pays.

Depuis 1801, date du premier recensement officiel, la population de la Manche s'est accrue de 9279 habitants; mais aujourd'hui elle diminue.

Le dialecte local est celui de la France qui présente le plus de mots d'origine tudesque. Le Cotentin est aussi, avec le Bessin, la partie de la France qui présente le plus d'individus ayant le vieux type normand : grands et forts, ils ont les cheveux d'un blond pâle, le visage allongé, les yeux d'un bleu clair.

Presque tous les habitants de la Manche sont catholiques. On n'y compte que 1,900 protestants et une vingtaine d'israélites.

Le nombre des *naissances* a été, en 1875, de 12,070; celui des *décès*, de 12,281 (plus 580 mort-nés); celui des *mariages*, de 4,285.

La *vie moyenne* est de 44 ans.

Le *lycée* de Coutances a compté, en 1877, 375 élèves; les *collèges communaux* d'Avranches, de Cherbourg, Mortain et Saint-Hilaire-du-Harcouet, 877; 6 *institutions secondaires libres*, 475; 1,201 *écoles primaires*, 70,825; 22 *salles d'asile*, 2,967; 309 *cours d'adultes*, 6,481.

Sur 74 accusés de crime, en 1875, on a compté :

Accusés ne sachant ni lire ni écrire.	21
— sachant lire ou écrire imparfaitement. . .	38
— sachant bien lire et bien écrire.	15

IX. — Divisions administratives.

Le département de la Manche forme le diocèse de Coutances (suffragant de Rouen); — les 5e, 6e et 7e subdivisions de la 20e division de la 10e région militaire (Rennes). — Il est partagé entre le 1er arrondissement maritime, dont le chef-lieu est Cherbourg, et le 2e arrondissement (Brest), dont dépend le quartier de Granville. — Il ressortit : à la cour d'appel de Caen; — à l'Académie de Caen; — à la 14e légion de gendarmerie (Rennes); — à la 15e inspection des ponts et chaussées; —

à la 15e conservation des forêts (Alençon); — à l'arrondissement minéralogique de Rouen (division du Nord-Ouest). — Il comprend 6 arrondissements (Avranches, Cherbourg, Coutances, Mortain, St-Lô, Valognes), 48 cantons, 643 communes.

Chef-lieu du département : SAINT-LO.

Chefs-lieux d'arrondissement : AVRANCHES ; CHERBOURG ; COUTANCES ; MORTAIN ; SAINT-LÔ ; VALOGNES.

Arrondissement d'Avranches (9 cant.; 124 com.; 103,013 h.; 97,327 hect.).

Canton d'Avranches (16 com.; 16,272 h.; 10,261 hect.). — Avranches — Chavoy — Godefroy (La) — Gohannière (La) — Marcey — Plomb — Pontaubault — Ponts — Saint-Brice — Saint-Jean-de-la-Haize — Saint-Loup — Saint-Martin-des-Champs — Saint-Osvin — Saint-Senier-sous-Avranches — Vains — Val-Saint-Père (Le).

Canton de Brécey (16 com.; 10,149 h.; 12,811 hect.). — Braffais — Brécey — Chaise-Baudoin (La) — Chapelle-Urée (La) — Cresnays (Les) — Cuves — Grand-Celland (Le) — Loges-sur-Brécey (Les) — Notre-Dame-de-Livoye — Petit-Celland (Le) — Sainte-Eugienne — Saint-Georges-de-Livoye — St-Jean-du-Corail — St-Nicolas-des-Bois — Tirepied — Vernix.

Canton de Ducey (12 com.; 8,718 h.; 9,976 hect.). — Boulouze (La) — Céaux — Chéris (Les) — Courtils — Crollon — Ducey — Juilley — Marcilly — Mesnil-Ozenne (Le) — Poilley — Précey — Saint-Quentin.

Canton de Granville (8 com.; 18,095 h.; 5,715 hect.). — Bouillon — Donville — Granville — Saint-Aubin-des-Préaux — Saint-Nicolas-près-Granville — Saint-Pair — Saint-Planchers — Yquelon.

Canton de la Haye-Pesnel (19 com.; 8,918 h.; 11,609 hect.). — Beauchamps — Beslière (La) — Chambres (Les) — Champcervon — Folligny — Haye-Pesnel (La) — Hocquigny — Luzerne-d'Outremer (La) — Luot (Le) — Mesnil-Drey (Le) — Mouche (La) — Noirpalu — Rochelle (La) — Saint-Jean-des-Champs — Saint-Léger — Sainte-Pience — Saint-Ursin — Subligny — Tanu (Le).

Canton de Pontorson (16 com.; 9,880 h.; 11,950 hect.). — Ardevon — Aucey — Beauvoir — Boucey — Cormeray — Curey — Huisnes — Macey — Moidrey — Mont-Saint-Michel (Le) — Pas (Les) — Pontorson — Sacey — Servon — Tanis — Vessey.

Canton de Saint-James (12 com.; 12,425 h.; 14,509 hect.). — Argouges — Carnet — Croix-Avranchin (La) — Hamelin — Montanel — Montjoie — Saint-Aubin-de-Terregatte — Saint-James — Saint-Laurent-de-Terregatte — Saint-Senier-de-Beuvron — Vergoncey — Villiers.

Canton de Sartilly (14 com.; 8,374 h.; 10,654 hect.). — Angey — Bacilly — Carolles — Champcey — Champeaux — Dragey — Genest — Lolif — Montviron — Ronthon — Saint-Jean-le-Thomas — Saint-Michel-des-Loups — Saint-Pierre-Langers — Sartilly.

Canton de Villedieu (11 com.; 10.182 h.; 9,847 hect.). — Bloutière (La)

— Bourguenolles — Champrepus — Chérencey-le-Héron — Fleury — Lande-d'Airou (La) — Rouffigny — Sainte-Cécile — Saultchevreuil-du-Tronchet — Trinité (La) — Villedieu.

Arrondissement de Cherbourg (5 cant.; 73 com.; 89,393 h.; 59,940 hect.).

Canton de Beaumont (20 com.; 8,477 h.; 14,864 hect.). — Acqueville — Auderville — Beaumont — Biville — Branville — Digulleville — Eculleville — Flottemanville-Hague — Gréville — Herqueville — Jobourg — Nacqueville — Omonville-la-Petite — Omonville-la-Rogue — Sainte-Croix-Hague — Saint-Germain-des-Vaux — Tonneville — Urville-Hague — Vasteville — Vauville.

Canton de Cherbourg (1 com.; 37,186 h.; 651 hect.). — Cherbourg.

Canton d'Octeville (17 com.: 20,525 h.; 16,118 hect.). — Bretteville — Couville — Digosville — Équeurdreville — Hardinvast — Henneville — Martinvast — Mesnil-Auval (Le) — Nouainville — Octeville — Querqueville — Saint-Martin-le-Gréard — Sideville — Theurtéville-Hague — Tollevast — Tourlaville — Virandeville.

Canton des Pieux (15 com.; 10,183 h.; 14,201 hect.). — Benoîtville — Bricquebosq — Flamanville — Grosville — Héauville — Helleville — Pierreville — Pieux (Les) — Rozel (Le) — Saint-Christophe-du-Foc — Saint-Germain-le-Gaillard — Siouville — Sotteville — Surtainville — Tréauville.

Canton de Saint-Pierre-Église (20 com.; 13,024 h.; 14,015 hect.). — Angoville — Brillevast — Canteloup — Carneville — Clitourps — Cosqueville — Fermanville — Gatteville — Gonneville — Gouberville — Maupertus — Néville — Rétoville — Saint-Pierre-Église — Theil (Le) — Théville — Tocqueville — Varouville — Vast (Le) — Vrasville.

Arrondissement de Coutances (10 cant.; 138 com.; 112,496 h.; 151,922 hect.).

Canton de Bréhal (16 com.; 11,389 h.; 13,411 hect.). — Anctoville — Bourey — Bréhal — Bréville — Bricqueville-sur-Mer — Cérences — Chanteloup — Coudeville — Équilly — Hudimesnil — Longueville — Loreur (Le) — Meurdraquière (La) — Mesnil-Aubert (Le) — Muneville-sur-Mer — Saint-Sauveur-la-Pommeraye.

Canton de Cerisy-la-Salle (11 com.; 10,890 h.; 13,264 hect.). — Belval — Cametours — Cerisy-la-Salle — Guéhébert — Montpinchon — Notre-Dame-de-Cenilly — Ouville — Roncey — Saint-Denis-le-Vêtu — Saint-Martin-de-Cenilly — Savigny.

Canton de Coutances (8 com.; 12,650 h.; 6,588 hect.). — Bricqueville-la-Blouette — Cambernon — Courcy — Coutances — Nicorps — Saint-Nicolas-de-Coutances — Saint-Pierre-de-Coutances — Saussey.

Canton de Gavray (15 com.; 12,003 h.; 14,507 hect.). — Baleine (La) — Gavray — Grimesnil — Hambye — Lengronne — Mesnil-Amand (Le) — Mesnil-Bonant (Le) — Mesnil-Garnier (Le) — Mesnil-Hue (Le) — Mesnil-Rogues (Le) — Mesnil-Villeman (Le) — Montaigu-les-Bois — Saint-Denis-le-Gast — Sourdeval-les-Bois — Ver.

Canton de la Haye-du-Puits (24 com.; 12,638 h.; 19,559 hect.). — Appeville — Baudreville — Bolleville — Canville — Coigny — Cretteville

— Derville — Doville — Glatigny — Gonneville — Haye-du-Puits (La) — Houtteville — Lithaire — Mobecq — Montgardon — Neufmesnil — Prétot — Saint-Nicolas-de-Pierrepont — Saint-Remy-des-Landes — Saint-Sauveur-de-Pierrepont — Saint-Symphorien — Surville — Varenguebec — Vindefontaine.

Canton de Lessay (13 com.; 11,794 h.; 19,009 hect.). — Angoville-sur-Ay — Anneville — Bretteville-sur-Ay — Créances — Feuillie (La) — Geffosses — Laulne — Lessay — Millières — Pirou — Saint-Germain-sur-Ay — Saint-Patrice-de-Claids — Vesly.

Canton de Montmartin-sur-Mer (12 com.; 11,470 h.; 10,340 hect.).— Annoville — Contrières — Hautteville-sur-Mer — Hérenguerville — Hyenville — Lingreville — Montchaton — Montmartin-sur-Mer — Orval — Quettreville — Regnéville — Trelly.

Canton de Périers (14 com.: 10,229 h.; 13,863 hect.). — Baupte — Feugères — Gonfreville — Gorges — Lastelle — Marchésieux — Nay — Périers — Plessis (Le) — Saint-Germain-sur-Sèves — Saint-Jores — Saint-Martin-d'Aubigny — Saint-Sébastien-de-Raids — Sainte-Suzanne.

Canton de Saint-Malo-de-la-Lande (13 com.; 10,108 h.; 10,207 hect.). — Agon — Ancteville — Blainville — Boisroger — Brainville — Gouville — Gratot — Heugueville — Montsurvent — Saint-Malo-de-la-Lande — Servigny — Tourville — Vendelée (La).

Canton de Saint-Sauveur-Lendelin (12 com.; 9,325 h.; 11,110 hect.). — Camprond — Hauteville-la-Guichard — Lorey (Le) — Mesnil-Bus (Le) — Montcuit — Monthuchon — Muneville-le-Bingard — Ronde-Haye (La) — Saint-Aubin-du-Perron — Saint-Michel-de-la-Pierre — Saint-Sauveur-Lendelin — Vaudrimesnil.

Arrondissement de Mortain (8 cant.; 74 com.; 66,976 h.; 87,408 hect.).

Canton de Barenton (4 com.; 7,804 h.; 11,846 hect.). — Barenton — Ger — Saint-Cyr-du-Bailleul — Saint-Georges-de-Rouelley.

Canton d'Isigny (11 com.; 5,547 h.; 7,294 hect.). — Biards (Les) — Buat (Le) — Chalandrey — Isigny — Mancellière (La) — Mesnil-Bœufs (Le) — Mesnil-Thébaut (Le) — Montgothier — Moutigny — Naftel — Vezins

Canton de Juvigny (9 com.; 5,891 h.; 8,741 hect.). — Bazoge (La) — Bellefontaine — Chasseguey — Chérencé-le-Roussel — Juvigny — Mesnil-Adelée (Le) — Mesnil-Rainfray (Le) — Mesnil-Tôve (Le) — Reffuveille.

Canton de Mortain (11 com.; 10,094 h.; 13,966 hect.). — Bion — Fontenay — Mortain — Neufbourg (Le) — Notre-Dame-du-Touchet — Rancoudray — Romagny — Saint-Barthélemy — Saint-Clément — Saint-Jean-du-Corail — Villechien.

Canton de Saint-Hilaire-du-Harcouet (12 com.; 14,206 h.; 14,817 hect.). — Chevreville — Lapenty — Loges-Marchis (Les) — Martigny — Mesnillard (Le) — Milly — Moulines — Parigny — Saint-Brice-de-Landelle — Saint-Hilaire-du-Harcouet — Saint-Martin-de-Landelle — Virey.

Canton de Saint-Pois (10 com.; 6,877 h.; 9,209 h.). — Boisyvon — Chapelle-Cécelin (La) — Coulouvray-Boisbenâtre — Lingeard — Mesnil-Gilbert (Le) — Montjoie — Saint-Laurent-de-Cuves — Saint-Martin-le-Bouillant — Saint-Maur-des-Bois — Saint-Pois.

Canton de Sourdeval (9 com.; 9,335 h.; 10,537 hect.). — Beauficel — Brouains — Fresne-Poret (Le) — Gathemo — Perriers-en-Beauficel — St-Martin-de-Chaulieu — St-Sauveur-de-Chaulieu — Sourdeval — Vengeons.

Canton du Teilleul (8 com.; 7,222 h.; 10,853 hect.). — Buais — Ferrières — Heussé — Husson — Sainte-Marie-du-Bois — Saint-Symphorien — Savigny-le-Vieux — Teilleul (Le).

Arrondissement de Saint-Lô (9 cant.; 117 com.; 89,118 h.; 112,596 hect.).

Canton de Canisy (11 com.; 7,883 h.; 10,592 hect.). — Canisy — Dangy — Gourfaleur — Mancellière (La) — Mesnil-Herman (Le) — Quibou — Saint-Ébremond-de-Bonfossé — Saint-Martin-de-Bonfossé — Saint-Romphaire — Saint-Samson-de-Bonfossé — Soulles.

Canton de Carentan (14 com.; 11,722 h.; 16,282 hect.). — Auvers — Auxais — Brévands — Carentan — Catz — Méautis — Raids — Saint-André-de-Bohon — Saint-Côme-du-Mont — Saint-Georges-de-Bohon — Saint-Hilaire-Petitville — Saint-Pellerin — Sainteny — Veys (Les).

Canton de Marigny (11 com.; 7,758 h.; 9,156 hect.). — Carantilly — Chapelle-Enjuger (La) — Hébécrevon — Saint-Louet-sur-Lozon — Marigny — Mesnil-Amey (Le) — Mesnil-Eury (Le) — Mesnil-Vigot (Le) — Montreuil — Remilly — Saint-Gilles.

Canton de Percy (12 com.; 9,459 h.; 13,402 hect.). — Beslon — Chefresne (Le) — Colombe (La) — Guislain (Le) — Haye-Bellefond (La) — Margueray — Maupertuis — Montabot — Montbray — Morigny — Percy — Villebaudon.

Canton de Saint-Clair (14 com.; 9,155 h.; 13,801 hect.). — Airel — Bérigny — Cerisy-la-Forêt — Couvains — Meauffe (La) — Moon-sur-Elle — Notre-Dame-d'Elle — Saint-André-de-l'Épine — Saint-Clair — Saint-Georges-d'Elle — Saint-Germain-d'Elle — Saint-Jean-de-Savigny — Saint-Pierre-de-Semilly — Villiers-Fossard.

Canton de Saint-Jean-de-Daye (13 com.; 8,590 h.; 14,530 hect.). — Amigny — Cavigny — Champs-de-Losque (Les) — Désert (Le) — Graignes — Hommet-d'Arthenay (Le) — Mesnil-Angot (Le) — Mesnil-Véneron (Le) — Montmartin-en-Graignes — Pont-Hébert — Saint-Fromond — Saint-Jean-de-Daye — Tribehou.

Canton de Saint-Lô (11 com.; 13,960 h.; 6,595 hect.). — Agneaux — Barre-de-Semilly (La) — Baudre — Luzerne (La) — Mesnil-Rouxelin (Le) — Rampan — Sainte-Croix-de-Saint-Lô — Saint-Georges-Montcocq — Saint-Lô — Sainte-Suzanne-sur-Vire — Saint-Thomas-de-Saint-Lô.

Canton de Tessy-sur-Vire (14 com.; 8,769 h.; 12,918 hect.). — Beaucoudray — Beuvrigny — Chevry — Domjean — Fervaches — Fourneaux — Gouvets — Mesnil-Opac (Le) — Mesnil-Raoult (Le) — Moyon — Saint-Louet-sur-Vire — Saint-Vigor-des-Monts — Tessy-sur-Vire — Troisgots.

Canton de Torigni-sur-Vire (17 com.; 11,824 h.; 15,408 hect.). — Biéville — Brectouville — Chapelle-du-Fest (La) — Condé-sur-Vire — Giéville — Guilberville — Lamberville — Montrabot — Perron (Le) — Placy-Montaigu — Précorbin — Rouxeville — Saint-Amand — Saint-Jean-des-Baisants — Saint-Symphorien — Torigni-sur-Vire — Vidouville.

Arrondissement de Valognes (7 cant.; 117 com.; 78,912 h.; 103,645 hectares).

Canton de Barneville (16 com.; 8,597 h.; 12,707 hect.).— Barneville — Beaubigny — Carteret — Fierville — Haye-d'Ectot (La) — Mesnil (Le) — Moitiers-d'Allonne (Les) — Ourville — Portbail — Saint-Georges-de-la-Rivière — Saint-Jean-de-la-Rivière — Saint-Maurice — Saint-Pierre-d'Arthéglise — Senoville — Sortosville-en-Beaumont — Valdécie (Le).

Canton de Bricquebec (11 com.; 9,975 h.; 16,080 hect.).— Breuville — Bricquebec — Magneville — Morville — Nègreville — Perques (Les) — Quettetot — Rauville-la-Bigot — Saint-Martin-le-Hébert — Sottevast — Vretot (Le).

Canton de Montebourg (22 com.; 9,615 h.; 13,494 hect.). — Azeville — Ecausseville — Émondeville — Éroudeville — Flottemanville — Fontenay — Fresville — Ham (Le) — Hémevez — Joganville — Lestre — Montebourg — Ozeville — Quinéville — Saint-Cyr — Saint-Floxel — Saint-Germain-de-Tournebut — Saint-Marcouf — Saint-Martin-d'Audouville — Sortosville — Urville — Vaudreville.

Canton de Quettehou (16 com.; 14,341 h.; 11,265 hect.). — Anneville-en-Saire — Aumeville-Lestre — Barfleur — Crasville — Montfarville — Morsalines — Octeville-la-Venelle — Pernelle (La) — Quettehou — Réville — Sainte-Geneviève — Saint-Vaast — Teurthéville-Bocage — Valcanville — Vicel (Le) — Videcosville.

Canton de Sainte-Mère-Église (26 com.; 12,411 h.; 19,702 hect.). — Amfreville — Angoville-au-Plain — Andouville-la-Hubert — Beuzeville-au-Plain — Beuzeville-la-Bastille — Blosville — Boutteville — Brucheville — Carquebut — Chef-du-Pont — Écoquenéauville — Foucarville — Gourbesville — Hiesville — Houesville — Liesville — Neuville-au-Plain — Picauville — Ravenoville — Saint-Germain-de-Varreville — Saint-Martin-de-Varreville — Sainte-Marie-du-Mont — Sainte-Mère-Eglise — Sebeville — Turqueville — Vierville.

Canton de Saint-Sauveur-le-Vicomte (18 com.; 11,085 h.; 17,801 hect.). — Besneville — Biniville — Bonneville (La) — Catteville — Colomby — Crosville — Étienville — Golleville — Hautteville — Moitiers-en-Bauptois (Les) — Néhou — Neuville-en-Beaumont — Orglandes — Rauville-la-Place — Reigneville — Ste-Colombe — St-Sauveur-le-Vicomte — Taillepied.

Canton de Valognes (8 com.; 12,890 h.; 12,997 hect.). — Brix — Huberville — Lieusaint — Montaigu — Saussemesnil — Tamerville — Valognes — Yvetot.

X. — Agriculture, productions.

Sur les 592,838 hectares du département, on compte :

Terres labourables.	358,021 hectares.
Prés.	80,118
Bois.	20,777
Landes.	33,050

On compte dans le département 92,839 chevaux, 1,174 mulets, 2402 ânes, 270,175 animaux de l'espèce bovine, 277,264 moutons, généralement très-petits (881,022 kilogrammes de laine en 1876), 116,614 porcs et 1,029 chèvres. 40,287 ruches ont donné, en 1876, 171,219 kilogrammes de miel. Les chevaux et les bœufs, très-estimés, sont de race indigène ou de race croisée; les vaches cotentines sont les meilleures connues pour la production du lait. Une grande partie du beurre vendu sous le nom de *beurre d'Isigny* (Calvados) vient des arrondissements de Saint-Lô et de Valognes.

Les habitants du département vivent principalement des produits de l'agriculture. Le sol, granitique et schisteux en grande partie, est naturellement peu fertile; mais les petits propriétaires qui se sont partagé le territoire ont réussi à l'améliorer par des amendements; d'ailleurs, le climat humide, la température égale aident à la croissance des plantes, et la Manche se trouve maintenant au nombre des premiers départements agricoles de la France.

Les *céréales* (blé, orge, avoine, sarrasin ou blé noir) sont cultivées surtout dans la partie orientale du département. Les *légumes* se récoltent principalement dans l'ouest : Montmartin, Hauteville, Annoville, Lingréville, sont remarquables par la fertilité de leur sol, couvert de cultures maraîchères et qui se vend de 10,000 à 15,000 francs l'hectare. Les habitants exportent leurs produits à Jersey, Guernesey, à Condé-sur-Noireau, à Bayeux et au Havre. — Les *pommes de terre* viennent partout en abondance; la culture du colza, des plantes fourragères de toutes sortes, de la betterave, de la carotte, du topinambour, donne de bons produits. — Remilly a d'importantes *oseraies*.

Les régions de l'est, à sol de calcaire ou d'alluvions, sont riches en beaux *pâturages*. Quelques parties de la contrée ressemblent à un immense verger, grâce à leurs plantations de *pommiers :* le département de la Manche est celui où l'on fabrique le plus de cidre, environ 1,500,000 hectolitres. Les arbres fruitiers abondent dans l'arrondissement d'Avranches. Le poirier est cultivé surtout dans les cantons de Barenton et du Teilleul. On trouve aussi dans le département le prunier, le cerisier et le figuier. Avranches se distingue par ses établissements d'horticulture.

En 1876, les habitants ont récolté 1,458,476 hectolitres de froment, 85,595 de méteil, 52,256 de seigle, 1,014,662 d'orge, 427,561 de sarrasin, 484,565 d'avoine, 685,854 de pommes de terre, 72,401 de légumes secs, 565,372 de betteraves, 13,995 de graines de colza (39,580 kilogrammes d'huile), 8,758 quintaux de chanvre et 22,150 de lin (86,088 kilogrammes d'huile).

La Grande-Ile de Chausey, la seule du groupe qui soit habitée, offre de belles prairies, des champs de luzerne, des figuiers énormes, des myrtes, groupés autour du village. Ailleurs les plateaux des îlots que la mer n'atteint pas sont couverts d'un maigre gazon, au-dessus duquel les ajoncs, les roses pimprenelles, les genêts, les bruyères roses et le chardon roulant ou panicaut maritime étalent leurs touffes de fleurs multicolores.

A l'exception de celles de Lande-Pourrie (commune de Ger), de Gavray et de Bricquebec, le département a peu de forêts (334 hectares seulement appartiennent à l'Etat); mais les haies qui entourent les champs fournissent de beaux arbres, convertis en bois de construction, principalement pour la marine. Les essences dominantes sont le chêne, l'orme et le hêtre; viennent ensuite le tremble, le peuplier, le noyer et le châtaignier (dans le sud).

Le département offre encore une assez grande étendue de terres incultes : dunes, marais, grèves, mielles et landes. Mais on a entrepris de conquérir sur la mer une portion de la baie des Veys (polders de Brévands) et de la baie du Mont-Saint-Michel; ici des travaux considérables ont été déjà exécutés pour rendre les sables propres à la culture. Des digues ont été commencées entre la pointe avancée de la chapelle Sainte-Anne et celle de Rochetorin. Dans l'anse de Céaux, 50 hectares de lais de mer ont été transformés en terres cultivables produisant de la luzerne, du trèfle, des racines et du blé : c'est ce qu'on appelle le Polder-Saint-Michel. — Il existe une *ferme-école* à Martinvast.

XI. — Industrie.

Dans les environs de Mortain s'extrait du *minerai de fer*, traité à l'usine de Bourbcrouge. Le minerai de Diélette est inexploité, de même que les *mines de mercure* de la Chapelle-Enjuger. Il existe des *mines de houille* au Plessis-Garnier. — Le département possède de belles **carrières de granit,** situées dans l'arrondissement de Cherbourg et aux îles Chausey. Les falaises de Flamanville sont devenues des carrières en pleine exploitation, dont les beaux blocs, qui ont servi à la construction du port de Cherbourg, sont embarqués au port voisin de Diélette. On taille sur place des parapets, des bordures de trottoirs, etc. Cette industrie occupe à l'île de Chausey un grand nombre d'ouvriers, qui façonnent la pierre en larges dalles, transportées à Granville et à Saint-Malo. C'est de Chausey que Paris fait venir en grande partie le granit dont il a besoin pour ses trottoirs. D'autres carrières sont exploitées à Saint-James, dans le canton de Sourdeval, à Fermanville, et à Montjoie près de Saint-Pois. Les carrières de quartzite de Tourlaville fournissent des pavés estimés.

Il existe dans le canton de Montmartin un gisement de calcaire, *marbre* carbonifère appelé par A. de Caumont, marbre de Dudley, et qui convient à la fois à la marbrerie, à la fabrication de la chaux, à la construction et au macadam. Comme il affleure presque partout, il est exploitable à Hyenville, Montchaton, et Montmartin surtout, qui fournit d'excellentes pierres et de beaux marbres.

Sur le territoire de la commune des Pieux existent des gisements de *kaolin*, qui sert à la confection de la porcelaine de Bayeux. — Sur la côte de Gréville, on trouve une pierre dite *pierre à savon* ou *talc*, utilisée par les marchands de chaussures. — La *tangue*, terre calcaire formée de débris de coquillages et mêlée d'un sable très-fin, ainsi que d'une petite quantité de matières salines et organiques, s'extrait à l'embouchure de presque toutes les rivières de la côte occidentale, de Carteret à Pontorson. La tangue sert d'engrais.

Il existe des *sources minérales* à Biville (gazeuse), Brix (ferrugineuse), Dragey (fontaine dite de Santé), Saint-Hilaire-du-Harcouet, Saint-Lô et la Taille.

L'industrie métallurgique est représentée dans le département par : les *forges* de Beauchamps, les *fonderies de fer* de Bourberouge près de Bion, de Brouains, Cherbourg, Granville et Tourlaville; les *fonderies de cuivre* de Granville, Sourdeval et Villedieu-les-Poêles. Dans cette dernière localité, « le commerce et l'industrie du cuivre sous toutes ses formes atteignent au moins le chiffre de 2 millions par an. Cette industrie s'applique : aux ménages, par la chaudronnerie, les chandeliers, les cuillers, les fiches et les charnières, les réchauds, les petites lampes, les bouilloires, les fontaines, les pompes à puits, à jardin, à voiture; aux établissements publics, par les pompes à incendie; aux distilleries, par les chaudières, les alambics, les robinets; à l'agriculture, par les grands poêles à cuire les racines, les buires à lait, les couloirs; aux églises, par les cloches, puis par la dorure des croix, ostensoirs, calices, patènes, flambeaux, encensoirs, etc. » (*Annuaire de l'Association normande*, 1876.)

Une autre localité très-importante pour son industrie est celle de Sourdeval; il y existe, en effet, des fabriques de chandeliers, de couverts en fer battu, fer forgé, étain, métal ferré, métal ferrugineux, d'étrilles, de faux, d'articles de serrurerie, de pointes, de fils de fer, etc. Un village voisin de Sourdeval, le Fresne-Poret, a des fabriques de ciseaux, de sécateurs, tarières et d'aiguilles à voiles, à ralingues, à matelas, etc. Saint-Martin-de-Chaulieu, village qui fait également partie du canton de Sourdeval, possède une fabrique de ferronnerie et de quincaillerie. Sourdeval et Saint-Pois livrent au commerce des forges portatives et des soufflets de forges; Carentan, Cherbourg, Villedieu, des pompes.

L'arsenal de Cherbourg renferme divers établissements se rapportant aussi à l'industrie métallurgique : ateliers de mâture, de chaudières à vapeur, de chaudronnerie, de serrurerie, forges d'armement, etc. Cherbourg possède aussi d'importants *chantiers de construction de navires*, ainsi que Barfleur, Granville, Pontorson (navires de 200 à 300 tonneaux), Saint-Nicolas-près-Granville et Saint-Vaast. Cherbourg et Carentan ont des fabriques de voitures, Saint-Lô une importante fabrique de voitures pour enfants, la Haye une fabrique de bascules, Granville de compas pour la marine, Agon une fabrique d'hameçons.

Il existe dans le département 45 *filatures de laine* (13,123 broches), situées à Beauchamps, Blainville, Cerisy-la-Forêt, Champrepus, Coutances, Gavray, Ger, Gouville, Hambye, au Mesnil-Tove, à Saint-Aubin-du-Perron, Sainte-Cécile, Saint-Hilaire-du-Harcouet, Saint-James, Saint-Laurent-de-Cuves, Saint-Lô, Saint-Sauveur-Lendelin, Tourtheville-Hague, Torigni, Urville-Hague, au Vauroux (commune de Saint-Brice-de-Landelle), à Vengeons, etc.

Coutances et Villedieu ont des carderies de laine. Cherbourg fabrique des couvertures de laine.

Six *filatures de coton* (50,007 broches) sont en activité à Brouains, Gonneville, au Neufbourg, au Vast. Coutances, où sont aussi des teillages de lin, confectionne une quantité considérable de toile ouvrée; Carnetours, des toiles, des calicots et des coutils. Les coutils se tissent aussi à Canisy, Dangy et Montebourg. Villedieu et Cherbourg fabriquent des dentelles, Avranches et Hambye de la bonneterie, Gavray des toiles de crin.

Les industries de la *mégisserie*, de la *tannerie* et de la *corroirie* sont représentées chacune, soit seules, soit simultanément, par plusieurs établissements à Avranches, Carentan, Cherbourg, Coutances (au faubourg du Pont-de-Soulle), Ducey, Granville, la Haye-du-Puits, Montebourg, Mortain, Périers, Pontorson, Quettehou, Saint-Lô, Torigni, Valognes et Villedieu. — Les six *papeteries* du département (364 ouvriers) ont produit, en 1875, 16,000 quintaux métriques de papier. — Les chefs-lieux d'arrondissement de la Manche, et, en outre, Carentan, Granville, la Haye-du-Puits et Saint-Hilaire-du-Harcouet, possèdent des *imprimeries;* Avranches, Carentan, Granville, Mortain, Saint-James, Saint-Vaast et Tourlaville, des *scieries mécaniques ;* Cherbourg et Granville, des corderies.

Les autres établissements industriels du département sont des minoteries et des moulins à vapeur (Agon, le Vast), des poteries (notamment à Carentan, Ger, la Meauffe, Néhou, Sauxemesnil et Tourlaville), des brasseries (Avranches, Cherbourg, Saint-Hilaire-du-Harcouet), des fabriques de vannerie à Remilly, etc.

Sur les côtes on dessèche l'herbet ou pailleule (zostère) pour l'exporter dans les villes, où il est employé comme crin. De plus, les cendres du varech sont utilisées pour la fabrication des produits chimiques.

Il nous reste à mentionner l'industrie de la *pêche* du hareng, du maquereau, et surtout les **parcs à huîtres** de Saint-Vaast-de-la-Hougue, de Portbail, de Cherbourg et de Regnéville. La pêche des huîtres est faite principalement par les bateaux de Granville. Les concessions huîtrières de Saint-Vaast comprennent des dépôts ou étalages et des parcs. Les premiers, au nombre de 48, occupent une superficie de 46 hectares et demi et s'étendent sur la partie de la plage appelée *la Couleige;* ils sont réservés aux jeunes huîtres qui doivent croître encore avant de devenir *marchandes*. Les seconds, affectés à la conservation des huîtres comestibles, sont situés dans *la Toquaise* et se trouvent pour la plupart garantis de la mer par la petite île de Tatihou ; ils sont au nombre de 137, sur une surface de 39 hectares et demi. Les huîtres dont l'élevage réussit le mieux proviennent de la baie de Cancale, ou du banc de Dives. Néanmoins les essais entrepris sur les huîtres d'Arcachon et de Bretagne ont donné de bons résultats. C'est à Saint-Vaast qu'on a essayé pour la première fois d'acclimater en France plusieurs espèces de coquilles américaines, surtout l'huître de Virginie. Les éleveurs de la Hougue estiment que le pacage du mollusque ne doit pas se prolonger au delà de deux ans. La première année, il croît de 3 à 4 centimètres environ; pendant la seconde, il profite moins, c'est vrai, mais il épaissit et engraisse. Les procédés d'élevage employés à la Hougue consistent principalement à nettoyer, à déplacer fréquemment le coquillage, pour l'empêcher d'être enseveli sous la vase ou enveloppé par des goëmons parasites, qui, en s'attachant aux valves, l'empêchent de s'ouvrir et finissent par le faire périr en l'étouffant. 300 personnes trouvent chaque jour de l'occupation dans les concessions de Saint-Vaast, et à chaque grande marée ce nombre est au moins doublé.

La station de Regnéville est très-favorable à l'élevage des huîtres par sa situation sur un havre immense que la mer recouvre à chaque marée. Dans ce havre débouche la rivière de la Sienne qui, en mêlant ses eaux à celles de l'Océan dont elle tempère la salure, donne aux mollusques une qualité qui les fait rechercher des ostréiculteurs. Un peu au-dessous de l'embouchure de la Sienne, Mme Sarah Félix, sœur de la grande tragédienne Rachel, a créé un magnifique établissement ostréicole. Les parcs de Mme Félix, creusés dans un terrain calcaire, occupent sur la grève une superficie de 5 hectares. Une digue insubmersible, haute de 6 mètres, les protége contre les atteintes et les violences de la mer.

XII. — Commerce, chemins de fer, routes.

Bien que la mer à laquelle il doit son nom l'entoure de trois côtés et que plusieurs ports se succèdent le long des rivages, le département de la Manche n'a pourtant qu'un faible commerce maritime, qui se fait presque exclusivement avec l'Angleterre et, en sous-ordre, avec la Norvége, le Danemark et la Suède. Le mouvement annuel des dix ports de Carentan, Saint-Vaast, Barfleur, Cherbourg, Omonville, Diélette, Portbail, Regnéville, Granville et Pontorson, s'élève, entrées et sorties réunies, à environ 4,600 navires jaugeant 29,000 tonnes.

Le département de la Manche *exporte* du beurre, du gibier, des volailles, des œufs, du bétail, des pommes de terre, des légumes, des bestiaux gras, des moutons, des viandes salées, des chevaux, du blé, du poisson, des huîtres, des pierres de taille, du varech ou pailleule, de la filasse, de la chaux, de la chaudronnerie de Villedieu, des articles de quincaillerie, des produits chimiques, etc.

La Manche *importe* des grains et farines, des vins et eaux-de-vie, du sel, du chanvre, du sucre, des bois du Nord, des articles d'épicerie, des denrées coloniales, des fers et aciers, du zinc, de l'étain, du cuivre, de la houille, du goudron, des armes, des machines, des articles de librairie, de modes, de bijouterie, de l'horlogerie, des nouveautés, des meubles, etc.

Le département de la Manche est traversé par quatre chemins de fer, ayant ensemble un développement de 228 kilomètres.

1° Le chemin de fer *de Paris à Cherbourg* entre un instant dans le département de la Manche à la station de Lison, mais il en sort immédiatement pour y rentrer définitivement à 1 kilomètre au delà de la gare d'Isigny (Calvados). Dans la Manche, où son parcours est de 66 kil., il dessert Lison, Carentan, Chef-du-Pont, Port-Brehez, Montebourg, Valognes, Sottevast, Couville, Martinvast et Cherbourg.

2° Le chemin de fer *de Lison à Lamballe* (116 kilomètres dans le département) a pour stations Airel, la Meauffe, Pont-Hébert, Saint-Lô, Canisy, Carantilly-Marigny, Cametours, Belval, Coutances, Orval-Hyenville, Quettreville, Cérences, Hudimesnil, Folligny, la Haye-

Pesnel, Montviron-Sartilly, Avranches, Pontaubault, Servon-Tanis et Pontorson. Au delà, il entre dans Ille-et-Vilaine.

3° Le chemin de fer *de Paris à Granville* passe dans le département de la Manche à 2 kilomètres au delà de la station de Saint-Aubin-des-Bois (Calvados). Il y dessert Villedieu, Folligny, Saint-Planchers et Granville. Parcours, 56 kilomètres.

4° Le chemin de fer *de Vitré à la baie du Mont-Saint-Michel* a dans le département de la Manche deux stations, Pontorson et Moidrey, et un développement de 10 kilomètres.

Les voies de communication comptent 6,439 kilomètres savoir :

4 chemins de fer			228 kil.
9 routes nationales			375 1/2
24 routes départementales			446
2,710 chemins vicinaux.	62 de grande communication	1,118	5,182
	60 de moyenne communication	720	
	2.588 de petite communication	3,344	
11 rivières navigables			165
3 canaux			42 1/2

XIII. — Dictionnaire des communes.

Acqueville, 377 h., c. de Beaumont-Hague. ⟹ Château.

Agneaux, 820 h., c. de Saint-Lô. ⟹ Ruines d'un prieuré d'Augustins.

Agon, 1,370 h., c. de Saint-Malo. ⟹ Beau château moderne.

Airel, 704 h., c. de Saint-Clair.

Amand (Saint-), 1,243 h., c. de Torigni.

Amfreville, 786 h., c. de Sainte-Mère-Église. ⟹ Château fort ancien.

Amigny, 202 h., c. de Saint-Jean-de-Daye.

Ancteville, 472 h., c. de Saint-Malo. ⟹ Église : porche et tour de la fin du XIII° s.

Anctoville, 199 h., c. de Bréhal. ⟹ Église du style ogival flamboyant (XIV°-XV° s.) ; haute tour polygonale.

André-de-Bohon (Saint-), 614 h., c. de Carentan.

André-de-l'Épine (Saint-), 361 h., c. de Saint-Clair.

Angey, 220 h., c. de Sartilly. ⟹ Petite église romane. — Restes du logis d'Angey (XVII° s.).

Angoville, 65 h., c. de Saint-Pierre-Église.

Angoville-au-Plain, 95 h., c. de Sainte-Mère-Église.

Angoville-sur-Ay, 600 h., c. de Lessay.

Anneville-en-Saire, 605 h., c. de Quettehou.

Anneville-sur-Mer, 320 h., c. de Lessay.

Annoville, 935 h., c. de Montmartin.

Appeville, 577 h., c. de la Haye-du-Puits. ⟹ Belle église du XIII° s., restaurée au XV° et au XVIII° s. — Croix du XV° s. dans le cimetière. — Dolmens.

Ardevon, 370 h., c. de Pontorson. ⟹ Église du XV° s. ; baptistère fort ancien. — Restes d'un prieuré du XIV° s.

Argouges, 1,272 h., c. de Saint-James. ⟹ Maisons historiques ou féodales, telles que la Salle, Jautée, la Guérinaie. — Cromlech de la Butte-aux-Carreaux-Blancs.

Aubin-de-Terregatte (Saint-), 1,578 h., c. de Saint-James. ⟶ Chœur roman de l'église. — Manoir Saint-Aubin; logis Dougeru.

Aubin-des-Préaux (Saint-), 515 h. c. de Granville. ⟶ Église en partie romane.

Aubin-du-Perron (Saint-), 507 h. c. de Saint-Sauveur-Lendelin.

Aucey, 766 h., c. de Pontorson. ⟶ Dans l'église, tombes du XIIe s.

La Tourelle, à Avranches.

Auderville, 475 h., c. de Beaumont-Hague. ⟶ Phare haut de 50 mètres, sur le Gros-du-Raz.

Audouville-la-Hubert, 214 h., c. de Sainte-Mère-Église.

Aumeville-Lestre, 195 h., c. de Quettehou.

Auvers, 1,135 h., c. de Carentan.

Auxais, 549 h., c. de Carentan.

Avranches, 8,157 h., ch.-l. d'arrond., sur la rive g. de la Sée, près de la mer et à l'extrémité d'un promontoire d'où l'on admire un des plus beaux panoramas de la France. ⟶ Débris de l'ancienne *cathédrale*, consacrée en 1121 et dans laquelle Henri II fut

Rue de la Constitution, à Avranches

absous du meurtre de saint Thomas Becket.— *Église Saint-Saturnin*, reconstruite il y a quelques années dans le style des XIIIe et XIVe s., sauf le bas-côté S.; bas-relief du XIVe s. — *Église* moderne *de Notre-Dame-des-Champs* (style du XIIIe s.). — Ancien évêché (XIVe et XVe s.), renfermant le *tribunal* et un *musée*.— *Bibliothèque* de 15,000 vol. — Beau *collége* (1780). — *Jardin des Plantes* (vue magnifique), renfermant un portail roman. — Dans le jardin de l'Évêché, *statue* du général Valhubert. — Sur la place Baudange, restes du *château*. — Belles *promenades* et *boulevards* plantés de tilleuls. — *Pont* en granit (1780) sur la Sée.

Azeville, 190 h., c. de Montebourg.

Bacilly, 1,155 h., c. de Sartilly.

Baleine (La), 278 h., c. de Gavray.

Barenton, 2,415 h., ch.-l. de c. de l'arr. de Mortain.

Barfleur, 1,070 h., c. de Quettehou, port sur la Manche (phares). ⟿ Église en partie du XIIe s.

Barneville, 906 h., ch.-l. de c., arr. de Valognes, sur la Manche, petit port dans le havre de Carteret. ⟿ Église du XIe s.

Barre-de-Semilly (La), 507 h., c. de Saint-Lô.

Barthélemy (Saint-), 512 h., c. de Mortain.

Baudre, 291 h., c. de Saint-Lô.

Baudreville, 307 h., c. de la Haye-du-Puits.

Baupte, 295 h., c. de Périers.

Bazoge (La), 357 h., c. de Juvigny.

Beaubigny, 254 h., c. de Barneville.

Beauchamps, 592 h., c. de la Haye-Pesnel. ⟿ Église restaurée à la moderne; transsept du XIe s.; tour à faîte triangulaire. — Restes d'un château.

Beaucoudray, 304 h., c. de Tessy.

Beauficel, 533 h., c. de Sourdeval.

Beaumont-Hague, 665 h., ch.-l. de c. de l'arr. de Cherbourg, à 3 kil. de la mer. ⟿ Retranchement dit Hague-Dick, long de près de 4 kil. — Tumuli.

Beauvoir, 469 h., c. de Pontorson.

Bellefontaine, 391 h., c. de Juvigny.

Belval, 450 h., c. de Cerisy-la-Salle.

Benoîtville, 507 h., c. des Pieux.

Bérigny, 635 h., c. de Saint-Clair.

Beslière (La), 269 h., c. de la Haye-Pesnel.

Beuvrigny, 349 h., c. de Tessy.

Beslon, 1,024 h., c. de Percy.

Besneville, 1,142 h., c. de Saint-Sauveur-le-Vicomte.

Beuzeville-au-Plain, 84 h., c. de Sainte-Mère-Église.

Beuzeville-la-Bastille, 334 h., c. de Sainte-Mère-Église. ⟿ Tour du XIVe s. — Église des XIIIe et XIVe s.

Biards (Les), 880 h., c. d'Isigny. ⟿ Restes d'une forteresse détruite au XVIe s.

Biéville, 383 h., c. de Torigni.

Biniville, 164 h., c. de Saint-Sauveur-le-Vicomte.

Bion, 687 h., c. de Mortain.

Biville, 383 h., c. de Beaumont-Hague. ⟿ Église : chœur du XIIIe s.; tombeau de saint Thomas Hélie (mort en 1227), but de pèlerinage fréquenté; dans le trésor, calice en vermeil et chasuble qui ont appartenu au saint.

Blainville, 1,711 h., c. de Saint-Malo. ⟿ Église du XVe s.; clocher des XIIe et XVe s. — Manoir de Gomerville XVIe s.); à côté, chapelle du XVe s.

Blosville, 427 h., c. de Sainte-Mère-Église.

Bloutière (La), 582 h., c. de Villedieu.

Boisroger, 514 h., c. de Saint-Malo.

Boisyvon, 254 h., c. de Saint-Pois.

Bolleville, 458 h., c. de la Haye-du-Puits.

Bonneville (La), 348 h., c. de Saint-Sauveur-le-Vicomte.

Boucey, 639 h., c. de Pontorson.

Bouillon, 478 h., c. de Granville, sur un petit lac appelé Mare de Bouillon. ⟿ Menhir de Vaumoisson (mon. hist.).

Boulouze (La), 154 h., c. de Ducey. ⟿ Église reconstruite en 1780; plusieurs statues (Vierge gothique).

Bourey, 185 h., c. de Bréhal. ⟿ A l'église, cuve baptismale du XIVe s.

Bourguenolles, 424 h., c. de Villedieu.

Boutteville, 157 h., c. de Sainte-Mère-Église.

Braffais, 401 h., c. de Brécey.

Brainville, 277 h., c. de Saint-Malo. ⟿ Dans l'église, baptistère du XIVe s.

Branville, 112 h., c. de Beaumont-Hague.

Brécey, 2,511 h., près de la Sée, ch.-l. de c. de l'arr. d'Avranches.

Brectouville, 155 h., c. de Torigni.

Bréhal, 1,517 h., ch.-l. de c. de arr. de Coutances.

Bretteville, 522 h., c. d'Octeville. ⟶ Allée couverte (mon. hist.) dite Cist-Vean. — Château.

Bretteville-sur-Ay, 536 h., c. de Lessay.

Breuville, 445 h., c. de Bricquebec.

Brévands, 476 h., c. de Carentan. ⟶ Château du XVIe s.

Bréville, 411 h., c. de Bréhal. ⟶ Église des XIe, XIIIe et XIVe s. — Joli château moderne.

Brice (Saint-), 161 h., c. d'Avranches. ⟶ Église romane; chœur et vitraux du XVIe s.

Brice-de-Landelle (Saint-), 1,082 h., c. de Saint-Hilaire.

Bricquebec, 3,667 h., ch.-l. de c. de l'arr. de Valognes, dans la forêt de Bricquebec (monuments druidiques). ⟶ Église ancienne, dont la nef est d'un roman très-pur. — Ruines d'un château-fort (mon. hist.) des XIVe-XVIe s.; donjon octogonal: salle remarquable du XIIe s.; fragments de remparts du XIe. — Statue du général Lemarois.

Bricqueboscq, 303 h., c. des Pieux. ⟶ Château (mon. hist.) flanqué de deux tours.

Bricqueville-la-Blouette, 510 h., c. de Coutances. ⟶ Église des XIIe et XIIIe s., remaniée.

Bricqueville-sur-Mer, 1,467 h., c. de Bréhal.

Brillevast, 547 h., c. de Saint-Pierre-Église.

Brix, 2,181 h., c. de Valognes. ⟶ Restes d'une forteresse démolie au XIIIe s., et dont les matériaux servirent en partie à la construction de l'église actuelle. — Hêtre de 7 mèt. de tour.

Brouains, 583 h., c. de Sourdeval.

Brucheville, 309 h., c. de Ste-Mère-Église. ⟶ Tour romane de l'église.

Buais, 1,332 h., c. du Teilleul. ⟶ Église des XIIe-XIIIe s.; bénitier sculpté.

Buat (Le), 404 h., c. d'Isigny.

Cambernon, 1,121 h., c. de Coutances. ⟶ Église: clocher et portail du XIVe s.

Cametours, 895 h., c. de Cérisy. ⟶ A l'église, fonts baptismaux anciens.

Camprond, 558 h., c. de Saint-Sauveur-Lendelin.

Canisy, 764 h., ch.-l. de c. de l'arr. de Saint-Lô, sur la Joigne. ⟶ Château de la Motte (XVIIe s.), flanqué de tourelles à mâchicoulis.

Canteloup, 335 h., c. de Saint-Pierre-Église.

Canville, 565 h., c. de la Haye-du-Puits. ⟶ Ruines du château d'Olonde (XVIe s.).

Carantilly, 1,006 h., c. de Marigny.

Carentan, 3,159 h., ch.-l. de c. de l'arr. de Saint-Lô, au milieu de vastes prairies marécageuses arrosées par la Taute canalisée, par le canal de la Taute à la Sèves et par celui du Plessis; petit port. ⟶ Église (mon. hist.) des XIIe-XVIe s.; tour (avec flèche) flanquée de tourelles, de clochetons et d'une balustrade sculptée. A l'intérieur de l'église, stalles de la Renaissance que surmonte une clôture remarquable; restes de vitraux des XIVe et XVe s.; statues du XVe s.; chaire sculptée du XVIIe s., etc. — Maisons anciennes. — A 2 kil., le fort des Ponts-d'Ouve, bâti en plein marais, défend tout le Cotentin.

Carnet, 908 h., c. de Saint-James. ⟶ Église: nef du XVIe s.; dôme orné de peintures de l'école de Rubens.

Carneville, 434 h., c. de Saint-Pierre-Église. ⟶ Église romane. — Dolmens et menhirs (mon. hist.).

Carolles, 597 h., c. de Sartilly. ⟶ Sur la falaise sauvage appelée Pointe de Carolles (curieuses excavations), Roche de Gargantua.

Carquebut, 511 h., c. de Ste-Mère-Église. ⟶ Église en partie romane.

Carteret, 494 h., c. de Barneville, petit port de cabotage sur la Manche (phare et jetée). ⟶ Ruines de deux forts. — Clocher roman. — Belle plage. — Dunes et falaises pittoresques.

Catteville, 205 h., c. de Saint-Sauveur-le-Vicomte.

Catz, 170 h., c. de Carentan.

Cavigny, 570 h., c. de Saint-Jean-de-Daye. ⟿ Château du XVIe s.

Céaux, 603 h., c. de Ducey. ⟿ Clocher roman.

Cécile (Sainte-), 656 h., c. de Villedieu.

Cérences, 1,991 h., c. de Bréhal.

Cerisy-la-Forêt, 1,822 h., c. de Saint-Clair. ⟿ Belle église (XIe s.) d'une ancienne abbaye; façade moderne ; à l'intérieur, triforium remarquable par sa profondeur.

Cerisy-la-Salle, 1,767 h., sur la Soulle, ch.-l. de c., arr. de Coutances. ⟿ Deux menhirs (mon. hist.). — Belle halle. — Château du XVIIIe s.

Chaise-Baudoin (La), 867 h., c. de Brécey. ⟿ Église du XVIe s.

Chalandrey, 566 h., c. d'Isigny.

Chambres (Les), 225 h., c. de la Haye-Pesnel. ⟿ Ferme du Grippon, reste du manoir de ce nom.

Champcervon, 359 h., c. de la Haye-Pesnel. ⟿ Église antérieure au XIIe s.; curieuse statue de saint Martin.

Champcey, 275 h., c. de Sartilly. ⟿ Ancien manoir.

Champeaux, 502 h., c. de Sartilly. ⟿ Sur la falaise, camp ou observatoire romain du Trait de Néron.

Champrépus, 702 h., c. de Villedieu. ⟿ Église : parties du XIIe s.; vitraux du XVIe.

Champs-de-Losque (Les), 450 h., c. de Saint-Jean-de-Daye.

Chanteloup, 361 h., c. de Bréhal. ⟿ Beau château de la Renaissance (charmantes sculptures), entouré de fossés et flanqué de tours (donjon). — Nef (XIe ou XIIe s.) de l'église.

Chapelle-Cécelin (La), 422 h., c. de Saint-Pois.

Chapelle-du-Fest (La), 180 h., c. de Torigni.

Chapelle-Enjuger (La), 905 h., c. de Marigny.

Chapelle-Urée (La), 381 h., c. de Brécey. ⟿ Église en partie du XVIIe s. — Le Boulevert, reste d'une forteresse, dont une tourelle subsiste encore.

Chasseguey, 217 h., c. de Juvigny.

Chavoy, 186 h., c. d'Avranches. ⟿ Dans l'église, chaire de 1478 et ierre tombale fort ancienne.

Chef-du-Pont, 350 h., c. de Sainte-Mère-Église. ⟿ Église en partie romane; bas-relief du XIIe s., à la porte S. du chœur ; fonts baptismaux du XIIIe s. — Château du XVIIe s.

Chefresne (Le), 835 h., c. de Percy.

Cherbourg, 37,186 h., ch.-l. d'arr., port militaire sur la Manche, à l'embouchure de la Divette, à l'extrémité de la presqu'île du Cotentin ; place de guerre de 1re classe, préfecture maritime. ⟿ Les travaux du port, commencés par Vauban en 1686, repris sous Louis XVI, poussés avec activité sous Napoléon Ier, Louis-Philippe et Napoléon III, ont été terminés en 1858; ils ont coûté 200 millions. Ils se composent de trois ordres d'ouvrages distincts :

1° La *digue*, au nord de la rade, se divise en deux parties, la jetée et la muraille. La jetée est formée de pierres immergées au fond de la mer. Elle s'élève en talus très-incliné jusqu'au niveau de la basse mer ; la base a 200 mèt. environ de largeur ; le sommet se termine par une plate-forme dont la largeur atteint jusqu'à 60 mèt. Sur cette jetée repose la muraille, découverte à basse mer et submergée aux deux tiers à marée haute. Pour la garantir des affouillements de la mer, on a recouvert la basse berge d'un lit de blocs artificiels de 20 mèt. cubes. Cette muraille, chef-d'œuvre de construction maritime, a pris, par suite de l'agrégation des matériaux, due à l'emploi des ciments à prise lente et à prise instantanée, le caractère d'un véritable monolithe long de 3,780 mèt., épais de 9 mèt. à la couronne, et haut de 9 mèt. 28 c. au-dessus du niveau des basses mers.

2° Les travaux du *port militaire* consistent en trois bassins : — 1° un *avant-port* (292 mèt. de long. sur 236 mèt. 72 c. de larg.; 9 mèt. 50 c. de profondeur en contre-bas des terre-pleins de l'Arsenal; 7 hect. de superficie) ; — 2° un *bassin de flot*, rectangle de 291 mèt. 27 c. sur 217 mèt. 34 c. (superficie 6 hect. 1/2) ; sa profondeur est la même que celle de l'avant-port, auquel le relie une écluse large de 19 mèt. 70 c. ; il peut recevoir 17 vaisseaux ; — 3° le *bassin Napoléon III* a 420 mèt. sur 200 ; il est creusé à 9 mèt.

24 c. au-dessous du niveau des plus basses marées, communique avec l'avant-port et le bassin à flot par des écluses, l'une de 20 mèt., et l'autre de 18 mèt. de large; sa superficie est de 8 hect. Ces trois bassins sont munis de cales de construction et de formes de visite pour la construction et le radoub des vaisseaux.

5° Les *ouvrages de défense* élevés par le génie militaire. Une ligne de sept forts, dont les batteries casematées sont à l'épreuve de la bombe, défend les approches du côté du large, et ferme l'entrée des passes de la rade. Deux forts défendent l'entrée des bassins militaires.

La *rade*, fermée par la digue, a une superficie de 1000 hect., dont les fonds, variables, sont en grande partie inaccessibles, pendant la basse mer, aux grands navires. Le mouillage réel pour les vaisseaux de ligne est de 200 hect.

A droite, et à l'entrée du port militaire, s'élèvent : le bâtiment des subsistances, le grand hangar renfermant une scierie mécanique (au-dessus, immense salle longue de plus de 100 mètres); le petit musée naval, ou salle des modèles; l'atelier des canots, renfermant plus de 200 embarcations; quatre cales couvertes; le maréographe, etc. Sur le quai O. de l'avant-port, nouveau magasin général. A côté, bureaux de la direction des constructions navales et de l'inspection maritime. De l'autre côté de la passe, direction des mouvements du port, magasin des armements. A l'E. du vieux bassin, direction de l'artillerie (salle d'armes pouvant contenir plus de 30.000 fusils, canon curieux provenant de la flotte de Tourville et ayant séjourné plus de 150 ans au fond de l'eau; trophées de diverses expéditions). Au N., ateliers de la mâture. Sur le quai O. du bassin à flot, ateliers des chaudières à vapeur, de la chaudronnerie, de la serrurerie, etc. Au N. du bassin Napoléon III, 4 magnifiques formes de radoub creusées dans le roc. Au N.-O., la direction des travaux hydrauliques renferme divers ateliers et une salle de modèles (pierre tombale de Napoléon à Sainte-Hélène et accessoires de son tombeau). A l'O. du même bassin, sept cales de construction. Au S., deux vastes formes de 140 mèt. sur 30. A côté, nouvelles forges d'armement, hangars, école élémentaire des apprentis. École de maistrance. *Casernes*, vastes bâtiments casematés, quatre poudrières; casernes de l'infanterie de marine. Jolie chapelle; enfin, à l'entrée du port, prison, bureaux de la Majorité (bibliothèque), et de l'autre coté, à dr., bureaux du commissariat.

Le *port marchand*, à l'embouchure de la Divette et du Trottebec, consiste en un avant-port et en un bassin long de 408 mèt. et large de 127. L'avant-port communique avec la mer par un chenal long de 600 mèt., bordé de jetées en granit. Le quartier des Mielles est protégé contre la mer par la construction d'un mur de revêtement, long de 1,400 mèt.

Le port et la rade sont éclairés par sept phares.

Église de la Sainte-Trinité, bâtie vers 1450, récemment restaurée, et surmontée d'un clocher à deux pans. A l'intérieur : pendentifs des voûtes des bas-côtés; chaire sculptée par Armand Fréret; Baptême de Jésus-Christ et statue de la Vierge par le même artiste; les *Saintes Femmes au tombeau du Christ*, tableau attribué à G. de Crayer et à Philippe de Champaigne, etc. — *Notre-Dame-du-Vœu*, style roman moderne; belle statue de la Vierge au portail. — L'*église Saint-Clément* a été construite de 1850 à 1863; belle verrière du chœur; deux tableaux de l'école espagnole. — L'*hôtel de ville* (en face, sur la place d'Armes, *statue* en bronze de Napoléon, par Le Véel, et obélisque servant de fontaine) renferme le *musée*, composé de 330 tableaux des écoles italienne, flamande, hollandaise et française. Dans le même bâtiment, *bibliothèque* (14,400 vol. et 34 manuscrits; belle cheminée sculptée du XIIe s.), *cabinet d'antiquités* (collection de monnaies et de médailles chinoises, unique en France) *et d'histoire naturelle*. — L'*hôtel-Dieu* (1862) est le plus bel édifice moderne de Cherbourg; au frontispice, statues des Trois Vertus théologales. — *Hôpital de la marine*, occupant une superficie de 10 hectares chapelle surmontée d'un dôme. — Citons aussi : le temple protestant, le collége, le palais de justice, les halles, la prison, le théâtre, l'entrepôt réel, l'abattoir, la caserne du Val-de-Saire, un établissement de bains de mer. — *Buste* en bronze de Bricqueville (par David d'Angers), sur le port; *place de la Divette; avenue Cochin*, etc.—Du fort du Roule (110 mèt.), beau point de vue.

Chérencé-le-Héron, 783 h., c. de Villedieu. ⟶ Ruines du château des Douves.

Chérencé-le-Roussel, 910 h., c. de Juvigny.

Chéris (Les), 464 h., c. de Ducey. ⟶ Vieille église : à l'intérieur, croix et pierres tombales fort anciennes. — Ancien édifice désigné sous le nom de maison des Curés-Blancs.

Chevreville, 287 h., c. de St-Hilaire.

Chevry, 229 h., c. de Tessy.

Christophe-du-Foc (Saint-), 229 h., c. des Pieux.

Clair (Saint-), 625 h., ch.-l. de c. de l'arrond. de Saint-Lô.

Clément (Saint-), 1,080 h., c. de Mortain.

Clitourps, 330 h., c. de Saint-Pierre-Église.

Coigny, 552 h., c. de la Haye-du-Puits. ⟶ Château du XVIIIe s.; belle cheminée de la salle à manger. — Ruines d'un château du XVIe s.

Colombe (La), 944 h., c. de Percy.

Colombe (Sainte-), 308 h., c. de Saint-Sauveur-le-Vicomte.

Colomby, 693 h., c. de Saint-Sauveur-le-Vicomte. ⟶ Église du XIIIe s. (mon. hist.).

Côme-du-Mont (Saint-), 743 h., c. de Carentan. ⟶ Église des XIIe et XVe s.; fonts baptismaux du XIIe s.

Condé-sur-Vire, 1,740 h., c. de Torigni.

Contrières, 645 h., c. de Montmartin. ⟶ Église des XIe et XVe s.; baptistère curieux.

Cormeray, 139 h., c. de Pontorson.

Cosqueville, 833 h., c. de Saint-Pierre-Église. ⟶ Église romane. — Menhir formant avec les deux menhirs de Saint-Pierre-Église ce qu'on appelle « le Mariage des trois princesses. »

Coudeville, 826 h., c. de Bréhal.

Coulouvray-Boisbenâtre, 1,390 h., c. de Saint-Pois.

Courcy, 878 h., c. de Coutances. ⟶ Église des XIIIe et XIVe s.; cloches des XIVe et XVe s.

Courtils, 507 h., c. de Ducey. ⟶ Église du XIIe au XVIe s.

Coutances, 8,008 h., ch.-l. d'arr., sur un mamelon de granit syénitique, entre le ruisseau de Bulsard et la Soulle canalisée. ⟶ La *cathédrale* (mon. hist.), située dans la partie la plus haute de la ville, domine tout le pays environnant, et sert de reconnaissance aux navigateurs. Fondée au XIe s., elle a été constamment remaniée depuis et presque reconstruite de siècle en siècle. Il ne reste guère de l'édifice primitif que les murs intérieurs des tours O.; le reste date du commencement et du milieu du XIIIe s. Les chapelles au N. de la nef sont de la fin du XIIIe s., ainsi que le grand portail; celles du S. sont un peu moins anciennes. Les bas-côtés sont doublés autour de l'hémicycle du chœur. La longueur totale de l'édifice est de 95 mèt. 17 c., et sa largeur de 34 mèt. Trois entrées : grand portail O., deux portes latérales au N. et au S., surmontées de deux tours carrées, terminées par des pyramides (celle du S. a été refaite en 1815, celle du N. en 1879) flanquées de clochetons effilés, et hautes de 77 mèt. 40 c.; au-dessus de la croisée, tour octogonale en lanterne (XIIIe ou XIVe s.), flanquée de tourelles sur les quatre faces diagonales; cette tour, appelée *le Plomb*, est une merveille de légèreté et d'élégance. A l'intérieur : vitraux des XIVe, XVe et XVIe s.; tombeaux des évêques Algare (XIIe s.) et Daniel (1862); fresque de 1384, dans la chapelle Saint-Joseph ; beau maître-autel du XVIIIe s.; statues des Tancrède ; statue en cuivre argenté de saint Michel, sur une belle colonne en marbre, etc. — *Saint-Pierre* (mon. hist.) : chœur et nef du XVe s.; le reste du XVIe ou du XVIIe; porte O. dominée par une tour élégante de 1550; transsept couronné par un dôme octogonal; beaux vitraux du XVIe s.

Coutances.

stalles du XVIIe; belle grille en fonte dans le chœur; chaire de 1737; Mater Dolorosa, tableau par J.-B. Quesnel. — *Saint-Nicolas*, du XIVe s. (portail et pignon du XIIIe); le chœur est une imitation simplifiée de la cathédrale; transsept surmonté d'un dôme du XVIIIe s.; lourde tour dominant la porte ouest; chapiteaux délicats du chœur; dans une chapelle, belle statue de la Vierge (XIVe s.); beaux tableaux, dont un de Gomez. — Ruines pittoresques d'un *aqueduc*, construit en 1232, en grande partie détruit au XVIe s., puis restauré jusqu'en 1595. — *Palais de justice* de 1750. — *Théâtre*. — *Palais épiscopal*, du XVIIIe s. — *Lycée* construit sur l'emplacement de la maison des Eudistes (XVIIe s.), dont l'église sert de chapelle à l'établissement. — Le *grand séminaire* occupe une partie de l'enclos des Dominicains. — *Halle aux grains*, ancienne église des Capucins. — Dans l'enceinte de l'*hospice*, fondé en 1209, beau *clocher* (XVe s.) de l'ancien prieuré des Augustins. — *Maisons* du XVIe s. — Sur la place de la Sous-Préfecture, *statue*, en bronze, de Le Brun, duc de Plaisance, par Étex. — Charmant *jardin public* : serres intéressantes; collection unique de camélias en pleine terre; obélisque en l'honneur de J.-J. Quesnel-Morinière, qui a donné à la ville le jardin et l'hôtel dont il dépendait : cet hôtel renferme un petit *musée*. — *Bibliothèque* de 8,000 vol. — *Boulevards*. — *Chapelle de la Roquelle* (XVIe s.).

Couvains, 718 h., c. de Saint-Clair.

Couville, 530 h., c. d'Octeville. ⟿ Église : ancien autel de l'abbaye de Blanchelande; fonts baptismaux supportés par quatre colonnettes. — Dans le cimetière, sarcophages en tuf.

Crasville, 422 h., c. de Quettehou.

Créances, 2,021 h., c. de Lessay.

Cresnays (Les), 720 h., c. de Brécey. ⟿ Dans l'église (1741 à 1786), pierres tombales de l'église primitive. — Presbytère du XVIe s. — Le Logis des Cresnays offre quelques motifs de l'architecture féodale.

Cretteville, 604 h., c. de la Haye-du-Puits. ⟿ Église en partie du XVe s.; voûte de la nef refaite en 1736; porche sculpté du XVe s.; fonts baptismaux du XVe ou du XVIe s. — Restes d'une commanderie de Malte, convertie en ferme. — Dans le champ de la Pierre, dolmen renversé.

Croix (Ste-), 731 h., c. de Saint-Lô.

Croix-Avranchin (La), 845 h., c. de Saint-James. ⟿ Croix fort anciennes, entre autres la croix Blanche, celles de David et des Sept-Vierges.

Croix-Hague (Sainte-), 480 h., c. de Beaumont-Hague.

Crollon, 595 h., c. de Ducey.

Crosville, 194 h., c. de Saint-Sauveur-le-Vicomte.

Curey, 330 h., c. de Pontorson. ⟿ Église des XIIe, XIIIe et XVe s.

Cuves, 738 h., c. de Brécey.

Cyr (St-), 241 h., c. de Montebourg. ⟿ Camp romain sur le Mont-Castre.

Cyr-du-Bailleul (Saint-), 1,579 h., c. de Barenton.

Dangy, 894 h., c. de Canisy.

Denis-le-Gast (St-), 1,372 h., c. de Gavray. ⟿ Église en partie du XIIe s.; porte du XIIIe. — Restes d'un château-fort.

Denis-le-Vêtu (Saint-), 1,282 h., c. de Cerisy-la-Salle. ⟿ Église : chœur et clocher du XIIIe s.

Derville, 186 h., c. de la Haye-du-Puits.

Désert (Le), 763 h., c. de Saint-Jean-de-Daye.

Digosville, 620 h., c. d'Octeville. ⟿ Galeries couvertes dites Pierres-Pouquelées.

Digulleville, 515 h., c. de Beaumont-Hague.

Domjean, 1,183 h., c. de Tessy.

Donville, 806 h., c. de Granville ⟿ Église moderne, au pied d'une haute falaise (belle vue du sommet).

Doville, 517 h., c. de la Haye-du-Puits.

Dragey, 667 h., c. de Sartilly. ⟿ Église : contre-forts romans; porche et bénitier gothiques; fenêtres flamboyantes. — Manoir de Poterel. — A 2 kil. au S., Brion, ancienne maison de plaisance des abbés du Mont-Saint-Michel.

Ducey, 1,818 h., ch.-l. de c. de l'arr. d'Avranches, sur la Sélune. ⟿ Château (mutilé) bâti en 1624 par Gabriel II de Montgommery.

Ébremond-de-Bonfossé (Saint-), 745 h., c. de Canisy.

Écausseville, 177 h., c. de Montebourg. ⟶ Église avec chœur roman (mon. hist.). — Château.

Écoqueneauville, 161 h., c. de Sainte-Mère-Église.

Éculleville, 102 h., c. de Beaumont-Hague.

Émondeville, 439 h., c. de Montebourg.

Équeurdreville, 4,358 h., c. d'Octeville. ⟶ Inscriptions tumulaires dans l'église, agrandie vers 1848.

Équilly, 390 h., c. de Bréhal.

Éroudeville, 217 h., c. de Montebourg. ⟶ Croix sculptée très-ancienne.

Étienville, 664 h., c. de Saint-Sauveur-le-Vicomte.

Eugienne (Sainte-), 126 h., c. de Brécey.

Fermanville, 1,722 h., c. de Saint-Pierre-Église.

Ferrières, 171 h., c. du Teilleul.

Fervaches, 505 h., c. de Tessy.

Feugères, 760 h., c. de Périers. ⟶ Manoir du Bois (XVIe s.).

Feuillie (La), 582 h., c. de Lessay.

Fierville, 582 h., c. de Barneville.

Flamanville, 1,330 h., c. des Pieux. ⟶ Église de 1668-1671; belle châsse renfermant les reliques de sainte Réparate. — Beau château de 1654-1660, en granit, auquel on arrive par deux vastes escaliers; cour d'honneur flanquée de deux pavillons, dont l'un renferme l'orangerie (galerie à grandes arcades); chapelle; à l'extrémité du parc, pavillon dit de Jean-Jacques Rousseau, en forme de tour; vastes étangs, bois séculaires, magnifiques pelouses. — Tombeaux en tuf du XIIe au XVe s. — Superbes falaises percées de grottes (V. p. 21). — Dolmen (mon. hist.) en granit de la Pierre-au-Roy.

Fleury, 891 h., c. de Villedieu. ⟶ Église romane et gothique, restaurée aux XVIIe et XVIIIe s.

Flottemanville, 297 h., c. de Montebourg. ⟶ Église ogivale.

Flottemanville-Hague, 460 h., c. de Beaumont-Hague.

Floxel (Saint-), 528 h., c. de Montebourg. ⟶ Église en partie des XIe et XIIe s.

Folligny, 422 h., c. de la Haye-Pesnel. ⟶ Église en partie romane. — Château du XVIe s.

Fontenay, 505 h., c. de Montebourg.

Fontenay, 425 h., c. de Mortain.

Foucarville, 279 h., c. de Sainte-Mère-Église.

Fourneaux, 161 h., c. de Tessy.

Fresne-Poret (Le), 805 h., c. de Sourdeval.

Fresville, 716 h., c. de Montebourg.

Fromond (Saint-), 955 h., c. de St-Jean-de-Daye. ⟶ Château du XVe s.

Gathemo, 672 h., c. de Sourdeval.

Gatteville, 955 h., c. de Saint-Pierre-Église. ⟶ Le phare de Gatteville, sur le Raz de Gatteville, banc de récifs dangereux, est une belle colonne en granit haute de 71 mèt.

Gavray, 1,685 h., ch.-l. de c. de l'arr. de Coutances, sur la Sienne. ⟶ Église des XIe et XIIIe s.; tour du XVe. — Camp romain de Châtel-Ogi.

Geffosses, 1,016 h., c. de Lessay. ⟶ Église en partie du XIIIe s.

Genets, 749 h., c. de Sartilly. ⟶ Église : chœur du XIVe s.

Geneviève (Sainte-), 545 h., c. de Quettehou.

Georges-de-Bohon (Saint-), 648 h., c. de Carentan.

Georges-d'Elle (Saint-), 666 h., c. de Saint-Clair.

Georges-de-la-Rivière (Saint-), 341 h., c. de Barneville.

Georges-de-Livoye (Saint-), 436 h., c. de Brécey.

Georges-de-Rouelley (Saint-), 1449 h., c. de Barenton.

Germain-de-Tournebut (Saint-), 661 h., c. de Montebourg.

Germain-de-Varreville (Saint-), 269 h., c. de Sainte-Mère-Église.

Georges-Montcocq (Saint-), 613 h., c. de Saint-Lô.

Ger, 2,331 h., c. de Barenton.

Germain-d'Elle (Saint-), 510 h., c. de Saint-Clair.

Germain-des-Vaux (Saint-), 667 h., c. de Beaumont-Hague.

Germain-le-Gaillard (Saint-), 787 h., c. des Pieux.

Germain-sur-Ay (Saint-), 654 h., petit port de cabotage, c. de Lessay. ⟶ Beau chœur roman de l'église.

Germain-sur-Sèves ou **le-Vicomte (Saint-)**, 465 h., c. de Périers. ⟶ Château des XVe et XVIe s.

Giéville, 649 h., c. de Torigni.

Gilles (Saint-), 603 h., c. de Marigny. ⟶ Église, ancienne collégiale, fondée par Louis XI.

Glatigny, 370 h., c. de la Haye-du-Puits.

Godefroy (La), 263 h., c. d'Avranches. ⟶ Église en partie romane.

Gohannière (La), 184 h., c. d'Avranches. ⟶ Église de 1700 à 1724; tombes anciennes. — Presbytère et maison bien conservée du XVIe s.

Golleville, 380 h., c. de Saint-Sauveur-le-Vicomte.

Gonfreville, 432 h., c. de Périers. ⟶ Église en partie du XIIIe s. — Manoir-ferme du XVIe s.

Gonneville, 541 h., c. de la Haye-du-Puits. ⟶ Ancien château-fort.

Gonneville, 978 h., c. de St-Pierre-Église. ⟶ Château-fort : les parties les moins anciennes sont du XVIe s.

Gorges, 1,178 h., c. de Périers. ⟶ Église des XIIIe et XIVe s. — Château de 1568.

Gouberville, 315 h., c. de Saint-Pierre-Église.

Gourbesville, 396 h., c. de Sainte-Mère-Église.

Gourfaleur, 509 h., c. de Canisy.

Gouvets, 705 h., c. de Tessy.

Gouville, 1,762 h., c. de St-Malo.

Graignes, 1,172 h., c. de Saint-Jean-de-Daye.

Grand-Celland (Le), 1,001 h., c. de Brécey.

Granville, 12,527 h., ch.-l. de c. de l'arr. d'Avranches; le 7e port de France en importance, sur la Manche, à l'embouchure du Boscq (bassin à flot), en partie sur un rocher abrupt, le Roc de Granville, battu par la mer et presque séparé de la terre ferme par un large ravin. ⟶ *Fortifications*, reconstruites en 1720. — *Église* des XVe, XVIe et XVIIe s.; croix romane. — Façade du *tribunal de commerce* ornée de colonnes en marbre bleu. — Sur la place d'Armes, *maison* de la Renaissance. — Sous les *casernes*, grottes creusées par la mer et dont les parois sont revêtues d'une mousse couleur de sang. — Beau *môle* en granit. — Deux *jetées* neuves. — *Casino*. — De la crête du promontoire et de la promenade de *Vaufleury*, belle vue sur la mer. — Pour les îles Chausey, V. p. 10.

Gratot, 754 h., c. de Saint-Malo. ⟶ Château (mon. hist.) des XVe et XVIe s. — Église de la même époque, avec clocher des XIIIe et XIVe s.; baptistère et tombe du XVe s. — Ermitage de Saint-Gerbold.

Gréville, 521 h., c. de Beaumont-Hague. ⟶ Caverne de Ste-Colombe, sous la falaise de la Roche-du-Castel.

Grimesnil, 202 h., c. de Gavray.

Grosville, 794 h., c. des Pieux.

Guéhébert, 378 h., c. de Cerisy-la-Salle. ⟶ Clocher du XIIIe s. — Fontaine de Saint-Mein, pèlerinage.

Guilberville, 1,572 h., c. de Torigni.

Guislain (Le), 370 h., c. de Percy.

Ham (Le), 257 h., c. de Montebourg. ⟶ Église : nef romane; chœur du XIIIe s. — Dans le cimetière, croix du XVIe s.

Hambye, 2,610 h., c. de Gavray. ⟶ Belles ruines d'une abbaye (mon. hist. du XIIe s.), fondée vers 1145; partie du cloître à arcades cintrées; église ogivale commencée à la fin du XIIe s. et restaurée au XVe. Deux corps de logis; le plus éloigné de l'église est le plus curieux. Au rez-de-chaussée, salle du Chapitre, chambre des Morts (cellier funéraire), et chambres des religieux. — Ruines d'un château du XIVe s.

Hamelin, 239 h., c. de St-James.

Hardinvast, 487 h., c. d'Octeville.

Hautteville, 215 h., c. de Saint-Sauveur-le-Vicomte.

Hautteville-la-Guichard, 1,050 h., c. de Saint-Sauveur-Lendelin. ⟶ Église dont l'arc triomphal (XIVe s.) est décoré de sculptures.

Hautteville-sur-Mer, 630 h., c. de Montmartin. ⟶ Forêt de Scissy (V. p. 12).

Haye-Bellefond (La), 219 h., c. de Percy.

Haye-d'Ectot (La), 409 h., c. de

Granville

Barneville. ⟹ Monuments druidiques (mon. hist.).

Haye-du-Puits (La), 1,422 h., ch.-l. de c. de l'arr. de Coutances. ⟹ Sur un tertre élevé, débris d'un château-fort; ce que l'on nomme aujourd'hui le château est un ensemble de bâtiments dont quelques parties peuvent dater du XVIe ou du XVIIe s. — Église moderne, style du XIIIe s.

Haye-Pesnel (La), 945 h., ch.-l. de c. de l'arr. d'Avranches, sur un coteau dont le Tar baigne la base. ⟹ Église : tour ancienne ; calice du temps de saint Louis. — Restes du château Ganne. — Sur une éminence arrondie, motte du Châtel.

Héauville, 515 h., c. des Pieux.

Hébécrevon, 828 h., c. de Marigny.

Helleville, 328 h., c. des Pieux.

Hémevez, 268 h., c. de Montebourg.

Henneville, 1,020 h., c. d'Octeville.

Hérenguerville, 282 h., c. de Montmartin. ⟹ Église en partie du XIe s.

Herqueville, 208 h., c. de Beaumont-Hague.

Heugueville, 685 h., c. de Saint-Malo. ⟹ Église romane, remaniée.

Heussé, 753 h., c. du Teilleul.

Hiesville, 137 h., c. de Sainte-Mère-Église.

Hilaire-du-Harcouet (Saint-), 3,805 h., ch.-l. de c. de l'arr. de Mortain. ⟹ Église moderne, style du XIIIe s. — Restes d'un prieuré fondé en 1083.

Hilaire-Petitville (Saint-), 418 h., c. de Carentan.

Hocquigny, 269 h., c. de la Haye-Pesnel. ⟹ Restes d'un hôpital du moyen âge.

Hommet-d'Arthenay (Le), 549 h., c. de Saint-Jean-de-Daye.

Houesville, 357 h., c. de Sainte-Mère-Église.

Houtteville, 251 h., c. de la Haye-du-Puits. ⟹ Église des XIe, XIIe et XVe s. ; crédence géminée du XVIe s.

Huberville, 277 h., c. de Valognes. ⟹ Église romane.

Hudimesnil, 1,205 h., c. de Bréhal. ⟹ Église : chœur et tour du XIVe s. — Maison du XVIe s.

Huisnes, 337 h., c. de Pontorson.

Husson, 753 h., c. du Teilleul.

Hyenville, 336 h., c. de Montmartin. ⟹ Église du XIIIe ou du XIVe s.

Isigny, 311 h., ch.-l. de c. de l'arr. de Mortain.

James (Saint-), 3,088 h., ch.-l. de c. de l'arr. d'Avranches; sur un promontoire qui domine de trois côtés la profonde vallée du Beuvron. ⟹ Église du XIe s. ; croisillon N. gothique ; à l'intérieur, madone gothique et restes de vitraux. — Joli portail encadré dans le mur du cimetière, reste de l'église Saint-Martin de Bellé. — Collége. — A 2 kil., jolie église neuve de Saint-Benoît. — Vaste parc et château de la Palluelle (XVIe et XVIIe s.).

Jean-de-Daye (Saint-), 276 h., ch.-l. de c. de l'arr. de Saint-Lô, près du canal de Vire-et-Taute. ⟹ Restes du château de la Rivière, au milieu de marais ; trois tours du XVe s.

Jean-de-la-Haize (Saint-), 653 h., c. d'Avranches.

Jean-de-la-Rivière (Saint-), 225 h., c. de Barneville.

Jean-de-Savigny (Saint-), 510 h., c. de Saint-Clair.

Jean-des-Baisants (St-), 1,006 h., c. de Torigni. ⟹ Camp romain.

Jean-des-Champs (Saint-), 920 h., c. de la Haye-Pesnel. ⟹ Église des XIIe et XIIIe s. ; tour du XIVe. — Château de Pont-Roger (XVIIIe s.).

Jean-du-Corail (Saint-), 177 h., c. de Brécey.

Jean-du-Corail (Saint-), 617 h., c. de Mortain. ⟹ Menhir servant de pont à un ruisseau.

Jean-le-Thomas (Saint-), 240 h., c. de Sartilly. ⟹ Ruines d'un château-fort. — Église en partie romane.

Jobourg, 565 h., c. de Beaumont-Hague. ⟹ Superbes falaises (*V.* p. 22).

Joganville, 146 h., c. de Montebourg.

Jores (St-), 761 h., c. de Périers.

Juilley, 788 h., c. de Ducey.

Juvigny, 795 h., ch.-l. de c. de l'arr. de Mortain.

Lamberville, 597 h., c. de Torigni.

Lande-d'Airou (La), 983 h., c. de Villedieu. ⟹ Église du XVIe s. joli portail. — Château du XVIIe s.

Église Notre-Dame, à Saint-Lô.

Lapenty, 953 h., c. de Saint-Hilaire.

Lastelle, 212 h., c. de Périers. ⟶ Église et baptistère du XIIIe s.

Laulne, 516 h., c. de Lessay. ⟶ Église des XIIe et XIIIe s.

Laurent-de-Cuves (Saint-), 1,175 h., c. de Saint-Pois.

Laurent-de-Terregatte (Saint-), 1,164 h., c. de St-James. ⟶ Château du Pendant, à tourelles et toits aigus.

Léger (Saint-), 174 h., c. de la Haye-Pesnel. ⟶ Dans l'église, fonts baptismaux curieux.

Lengronne, 905 h., c. de Gavray. ⟶ Église en partie des XIIe et XIIIe s.

Lessay, 1,553 h., ch.-l. de c. de l'arr. de Coutances. ⟶ L'église (mon. hist.), du XIe s., était la chapelle d'une abbaye de Bénédictins; de chaque côté de la nef, sept arcades cintrées avec piliers à chapiteaux sculptés; voûte hardie et élégante; stalles du chœur (XIVe et XVe s.). Bâtiments claustraux bien conservés.

Lestre, 557 h., c. de Montebourg. ⟶ Église Saint-Michel (mon. hist.); abside romane.

Liesville, 331 h., c. de Sainte-Mère-Église.

Lieusaint, 265 h., c. de Valognes. ⟶ Église ogivale.

Lingeard, 251 h., c. de Saint-Pois.

Lingreville, 1,464 h., c. de Montmartin. ⟶ Église des XIe (nef) et XVe s. (chœur); fonts baptismaux du XIIIe. — Dans le cimetière, croix du XVe s. — Château du temps de Louis XIII.

Lithaire, 853 h., c. de la Haye-du-Puits. ⟶ Pierre branlante appelée le *Logan de Lithaire*. — Camp romain. — Église romane. — Ruines (mon. hist.) d'un château, sur une colline (belle vue). — Chapelle de l'ancien prieuré de Brocquebœuf (XVe s.), aujourd'hui ferme. — Restes d'une maladrerie (XVe ou XVIe s.).

Lô (Saint-), 9,706 h., ch.-l. du départ., sur une colline rocheuse, d'aspect pittoresque, qui domine, à l'O., la rive dr. de la Vire. Au S. et au N. coulent le Torteron et la Dolée. ⟶ *Église Notre-Dame* (mon. hist.), du XIVe et du XVe s.; portail flanqué de deux tours, avec flèches gothiques du XVIIe s.; à l'extérieur, chaire en pierre de la fin du XVe s. A l'intérieur, débris de magnifiques verrières, Vierge du Pilier, objet d'une grande vénération. — *Église Sainte-Croix*, rebâtie en 1860, dans le style roman (beau maître-autel sculpté); il reste quelques arcades et deux portes du XIe s.; elle dépendait de l'abbaye de Sainte-Croix, où se trouve aujourd'hui un dépôt d'étalons; cette abbaye offre deux belles fenêtres en ogive (XIVe s.), et plusieurs salles voûtées, avec maçonnerie en arête de poisson. — Bel *hôtel de ville*; dans le vestibule, piédestal antique, connu sous le nom de marbre de Torigny, rappelant les assemblées tenues dans les Gaules sous la domination romaine, et surmonté d'un buste de Le Verrier, par Pradier, vis-à-vis d'un buste de M. Vieillard. — Le *musée* renferme : quelques bons tableaux ; des miniatures de Daniel Saint, peintre de Saint-Lô; une belle statue venant de l'abbaye de Blanche-Lande ; un sarcophage gallo-romain en plomb (figures curieuses), etc. — *Bibliothèque* de 9,000 vol. — *Hôpital* (ancienne chapelle du XVe s.). — *Maisons* anciennes. — *Halles* qui occupent, avec le *théâtre*, l'emplacement de l'ancienne église Saint-Thomas-de-Cantorbéry, reconstruite en 1630. — Belle *place du Champ-de-Mars*.

Loges-Marchis (Les), 1,490 h. c. de Saint-Hilaire.

Loges-sur-Brécey (Les), 426 h. c. de Brécey.

Lolif, 872 h., c. de Sartilly.

Longueville, 502 h., c. de Bréhal

Loreur (Le), 315 h., c. de Bréhal

Lorey (Le), 1,036 h., c. de Saint-Sauveur-Lendelin.

Louet-sur-Vire (Saint-), 342 h., c de Tessy.

Loup (Saint-), 492 h., c. d'Avranches. ⟶ Église romane.

Lozon, 670 h., c. de Marigny.

Luot (Le), 442 h., c. de la Haye-Pesnel.

Luzerne (La), 71 h., c. de Saint-Lô.

Luzerne-d'Outremer (La), 787 h. c. de la Haye-Pesnel. ⟶ Restes considérables de l'église de l'abbaye de la

Luzerne, convertie en filature, mélange de gothique et du roman de la première époque; ce qui reste du cloître est du XIe s.

Macey, 292 h., c. de Pontorson.

Magneville, 590 h., c. de Bricquebec. ⋙→ Chœur roman de l'église.

Malo-de-la-Lande (St-), 407 h., ch.-l. de c., arr. de Coutances. ⋙→ Menhir.

Mancellière (La), 412 h., c. de Canisy.

Mancellière (La), 530 h., c. d'Isigny.

Mandraquière (La), 454 h., c. de Bréhal.

Marcey, 802 h., c. d'Avranches. ⋙→ Joli château moderne.

La Maison-Dieu, à Saint-Lô.

Marchésieux, 1,327 h., c. de Périers. ⋙→ Église des XIIIe et XIVe s.; tour des XIVe et XVe.

Marcilly, 818 h., c. de Ducey.

Marcouf (Saint-), 678 h., c. de Montebourg. ⋙→ L'église, en partie romane, est bâtie sur une crypte des XIe et XIIe s.; voûtes de style flamboyant; clocher du XIe et du XIIIe s. — Près du cimetière, fontaine recouverte (XIVe s.), dont l'eau passe pour guérir certaines maladies. — A 9 ou 10 kil. au large, îles Saint-Marcouf (fort et phare).

Margueray, 519 h., c. de Percy.

Marie-du-Bois (Sainte-), 250 h., c. du Teilleul.

Marie-du-Mont (Sainte-), 1,352 h., c. de Sainte-Mère-Église. »→ Église des XIe, XIVe et XVIe s. (mon. hist.), sous laquelle s'étend une crypte. — Chapelle de Sainte-Marie-Madeleine, pèlerinage. — Château ruiné.

Marigny, 1,354 h., ch.-l. de c. de l'arr. de Saint-Lô, sur le Lozon. »→ Butte du Castel, reste d'un château-fort. — Belle flèche en pierre de l'église paroissiale.

Martigny, 731 h., c. de Saint-Hilaire. »→ Église (mon. hist.) du XVIe s., fort curieuse; voûte en bois décorée d'ornements fort soignés; belle chaire sculptée du XVIe s.; magnifiques vitraux.

Martin-d'Aubigny (Saint-), 785 h., c. de Périers. »→ Château d'Aubigny (XVIe et XVIIe s.).

Martin-d'Audouville (Saint-), 248 h., c. de Montebourg.

Martin-de-Bonfossé (Saint-), 793 h., c. de Canisy.

Martin-de-Cenilly (Saint-), 523 h., c. de Cerisy-la-Salle.

Martin-de-Chaulieu (Saint-), 494 h., c. de Sourdeval.

Martin-de-Landelle (Saint-), 1,680 h., c. de Saint-Hilaire.

Martin-de-Varreville (Saint-), 379 h., c. de Sainte-Mère-Église.

Martin-des-Champs (Saint-), 564 h., c. d'Avranches.

Martin-le-Bouillant (Saint-), 817 h., c. de Saint-Pois.

Martin-le-Gréard (Saint-), 218 h., c. d'Octeville.

Martin-le-Hébert (Saint-), 203 h., c. de Bricquebec.

Martinvast, 732 h., c. d'Octeville. »→ Près de l'église (XIe s.), beau château (vaste parc), bâti sur l'emplacement d'un château-fort. — Ancien donjon, à la ferme-école. — Dolmen de l'Oraille.

Maupertuis, 345 h., c. de Percy.

Maupertus, 282 h., c. de Saint-ierre-Église, à 2 kil. de la mer. »→ Menhir.

Maur-des-Bois (Saint-), 335 h., c. de Saint-Pois.

Maurice (Saint-), 461 h., c. de Barneville.

Meauffe (La), 720 h., c. de St-Clair.

Méautis, 868 h., c. de Carentan.

Mère-Église (Sainte-), 1507 h., ch.-l. de c. de l'arr. de Valognes. »→ Église des XIIe et XIVe s. (mon. hist.). — Sur la place, croix reposant sur une base antique et composée de deux morceaux, dont l'un paraît avoir été une colonne milliaire.

Mesnil (Le), 291 h., c. de Barneville-sur-Mer.

Mesnil-Adelée (Le), 366 h., c. de Juvigny.

Mesnil-Amand (Le), 458 h., c. de Gavray. »→ A l'église, beau tableau du XVIe s.

Mesnil-Amey (Le), 215 h., c. de Marigny. »→ Château.

Mesnil-Angot (Le), 158 h., c. de Saint-Jean-de-Daye.

Mesnil-Aubert (Le), 479 h., c. de Bréhal. »→ Église du XIe s.

Mesnil-Auval (Le), 405 h., c. d'Octeville. »→ Pierre druidique.

Mesnil-Bœufs (Le), 400 h., c. d'Isigny.

Mesnil-Bonant (Le), 274 h., c. de Gavray.

Mesnil-Bus (Le), 857 h., c. de Saint-Sauveur-Lendelin. »→ Dans l'église, baptistère ancien. — Chapelle castrale du XVIe s.

Mesnil-Drey (Le), 371 h., c. de la Haye-Pesnel.

Mesnil-Eury (Le), 272 h., c. de Marigny.

Mesnil-Garnier (Le), 653 h., c. de Gavray. »→ Porte romane de l'église.

Mesnil-Gilbert (Le), 474 h., c. de Saint-Pois.

Mesnil-Herman (Le), 158 h., c. de Canisy.

Mesnil-Hue (Le), 259 h., c. de Gavray.

Mesnil-Opac (Le), 341 h., c. de Tessy.

Mesnil-Ozenne (Le), 316 h., c. de Ducey.

Mesnil-Rainfray (Le), 686 h., c. de Juvigny.

Mesnil-Raoult (Le), 420 h., c. de Tessy.

Mesnil-Rogues (Le), 470 h., c. de Gavray.

Mesnil-Rouxelin (Le), 292 h., c. de Saint-Lô.

Mesnil-Thébault (Le), 501 h., c. d'Isigny.

Mesnil-Tôve (Le), 784 h., c. de Juvigny.

Mesnil-Véneron (Le), 187 h., c. de Saint-Jean-de-Daye.

Mesnil-Vigot (Le), 488 h., c. de Marigny.

Mesnil-Villeman (Le), 850 h., c. de Gavray. ⋙→ Église romane, remaniée à diverses époques.

Mesnillard (Le), 684 h., c. de Saint-Hilaire.

Michel-de-la-Pierre (Saint-), 354 h., c. de Saint-Sauveur-Lendelin.

Michel-des-Loups (Saint-), 554 h., c. de Sartilly.

Millières, 1,061 h., c. de Lessay.

Milly, 682 h., c. de Saint-Hilaire.

Mobecq, 432 h., c. de la Haye-du-Puits. ⋙→ A l'église, retable du XVIIe ou du XVIIIe s.

Moidrey, 318 h., c. de Pontorson.

Moitiers-d'Allonne (Les), 881 h., c. de Barneville.

Moitiers-en-Bauptois (Les), 488 h., c. de Saint-Sauveur-le-Vicomte.

Montabot, 658 h., c. de Percy.

Montaigu, 859 h., c. de Valognes. ⋙→ Deux menhirs.

Montaigu-les-Bois, 615 h., c. de Gavray. ⋙→ Église du XIIe s. — Tours et chapelle (XIVe s.) d'un ancien château.

Montanel, 1005 h., c. de Saint-James. ⋙→ Ruines du château de Montaigu (1130).

Montbray, 1,105 h., c. de Percy.

Montchaton, 628 h., c. de Montmartin. ⋙→ Camp antique. — Sur la Sienne, pont de la Roque, qui a, dit-on, remplacé un pont romain.

Montcuit, 455 h., c. de Saint-Sauveur-Lendelin.

Montebourg, 2,234 h., ch.-l. de c., de l'arr. de Valognes, sur le penchant du Mont-Castre (vestiges d'un camp antique au sommet). ⋙→ Restes d'une abbaye fondée au XIe s.— Église du XIVe s.; belle flèche en pierre.

Montfarville, 1,216 h., c. de Quettehou.

Montgardon, 736 h., c. de la Haye-du-Puits.

Montgothier, 566 h., c. d'Isigny.

Monthuchon, 543 h., c. de Saint-Sauveur-Lendelin.

Montigny, 558 h., c. d'Isigny.

Montjoie, 610 h., c. de Saint-James.

Montjoie, 962 h., c. de Saint-Pois.

Montmartin-en-Graignes, 1,375 h., c. de Saint-Jean-de-Daye.

Montmartin-sur-Mer, 1,024 h., ch.-l. de c. de l'arr. de Coutances; station de bains de mer (plage magnifique).

Montpinchon, 1,336 h., c. de Cerisy-la-Salle. ⋙→ Clocher des XVe et XVIe s., avec flèche en pierre.

Montrabot, 215 h., c. de Torigni.

Montreuil, 532 h., c. de Marigny.

Mont-Saint-Michel (Le), 184 h., c. de Pontorson; à 5 kil. de la côte, sur un rocher isolé, au fond de la baie de Cancale. ⋙→ Le village du Mont-Saint-Michel est groupé en amphithéâtre à la base et sur les pentes d'une colline granitique ronde, de 900 mèt. de circuit, haute de 50 mèt., qui s'élève dans la baie formée par la réunion des côtes de la Normandie et de la Bretagne, au milieu d'une vaste plaine de sables mouvants que les flots recouvrent pendant les fortes marées. Des rochers escarpés se dressent au N. et à l'O. de cette montagne; à l'E. et au S. s'étagent des maisons qu'entoure une ceinture de remparts percée d'une seule ouverture. Le sommet est occupé par l'église et les débris de l'abbaye. — Cette abbaye fut fondée en 709 par saint Aubert, évêque d'Avranches, pour des Bénédictins. Ravagée par les Normands au IXe s., puis incendiée par Philippe Auguste en 1203, elle fut reconstruite sous le règne de ce prince. Après la Révolution, l'abbaye servit de prison centrale. Elle a été évacuée, il y a quelques années, remise à la Commission des monuments historiques, et louée à l'évêque de Coutances, qui y a établi des religieux et des sœurs dirigeant un orphelinat, des ateliers de verriers, de sculpteurs, de peintres sur verre, etc. L'État a chargé M. Corroyer de commencer la restauration générale.

L'enceinte militaire date en grande

partie du XVe s. C'est une épaisse muraille à mâchicoulis, protégée par des tours qui sont (en allant du sud au nord par l'est) : la *tour du Roi*, flanquée d'une tourelle, dite *tour du Guet;* la *tour de l'Escadre;* la *tour de la Liberté* (dans un jardin au-dessous, beau laurier, haut de plus de 10 mèt.) ; la *tour Basse* (XIVe et XVe s.) ; la *tour de la Reine;* la *tour Boucle;* le *bastion de l'Est* (XIVe et XVe s.) ; la *tour du Nord* ou *tour Morilland* (XIIIe s.), la plus élevée ; enfin la *tour Claudine*, qui communique avec la *Merveille*, vaste muraille longue de plus de 75 mèt., sur 33 mèt. de hauteur, flanquée de vingt contre-forts, percée de baies variées, et construite au commencement du XIIIe s. A l'angle de la Merveille se dresse la *tourelle* la plus élégante de l'abbaye, celle *des Corbins* ou *du Réfectoire*, dont le sommet date de 1391.

En continuant le tour des fortifications, on trouve, à la base d'un tourillon, la *fontaine de Saint-Aubert*, qui, d'après la tradition, jaillit sous le bâton de l'évêque de ce nom. Cette fontaine est reliée par un escalier au *Châtelet de la Fontaine*, belle porte flanquée de deux tours, et à laquelle fait face, à l'intérieur, à l'angle O. de la Merveille, une jolie arcature extérieure indiquant le *chartrier*, construit à la fin du XIVe s. Au tournant de la montagne, s'élève, sur un bloc isolé, la pittoresque *chapelle Saint-Aubert*. Au-dessous des souterrains qui portent l'extrémité de la nef de l'église, et des restes de l'*hôtellerie* (1164) et de l'*infirmerie* (1186), au bord de la grève, s'élève la *tour Gabrielle* ou *tour du Moulin* (XVIe s.), la plus grosse de la place, offrant des canonnières et un énorme pilier autour duquel s'enroule un escalier.

La tour du Moulin forme l'angle sud-ouest de l'enceinte. Sur le flanc sud on trouve la *tour des Fanils* (XIVe s.), dominée par les Fanils, ou magasins de fourrages, ruinés. Vient ensuite, mais plus haut, sur le rocher, la tour dite *l'Échauguette;* on arrive enfin à un bastion du XVe s., nommé *la Barbacane*.

On pénètre dans la ville par un seul passage, que défendaient trois portes. L'une de ces portes, connue sous le nom de *Bavolle*, s'ouvre en dehors de la Barbacane, dans la *cour du Lion*. A l'extrémité de cette cour, une deuxième porte (les *Michelettes*, pièces de canon abandonnées par les Anglais en 1429) donne accès dans une autre cour appelée *Boulevard* et conduisant à la troisième porte, celle de la Ville (XVe s.), flanquée de deux tours (celle de dr. est la *tour du Roi*) et de la *tourelle du Guet*.

La principale, ou, pour mieux dire, l'unique rue de la ville aboutit à l'abbaye par un escalier divisé en plusieurs rampes. Elle est bordée de maisons à porte cintrée, quelques-unes modernisées à l'extérieur, anciennes hôtelleries de pèlerins. Vers le milieu de cette rue, on aperçoit à gauche le cimetière et l'*église paroissiale*, dont aucune partie n'est antérieure au XVe s., mais qui renferme : un Christ en bois ; la statue tumulaire d'une dame ; un groupe curieux, mais fort laid, représentant saint Michel et Lucifer, et plusieurs pierres tombales. Au haut de la ville, un portail roman et trois grands cintres, dans un jardin, sont tout ce qui reste du beau logis que Du Guesclin fit construire en 1366 pour sa femme, Tiphaine Raguenel.

L'*abbaye-château* occupe tout le sommet du mont. L'ensemble de ses constructions, du milieu desquelles s'élance l'église abbatiale, figure un immense rectangle. A l'est s'ouvre la porte de l'ancien donjon de 1393, flanquée de deux tours qui ont conservé leurs créneaux et leurs mâchicoulis. Un escalier, pratiqué entre ces deux tours, monte à une porte bardée de fer et épaisse de plus de 30 c., s'ouvrant dans le vestibule ou *poste des gardes*, dont la voûte est ornée de belles nervures. Des trois portes qui se présentent, celle de dr. aboutit à la Merveille.

La *Merveille* se compose de trois étages : l'étage inférieur comprend l'aumônerie et le cellier ; l'étage intermédiaire, le réfectoire et la salle des Chevaliers ; l'étage supérieur, le dortoir et le cloître. Les celliers forment de vastes cryptes. En quittant ces cryptes, appelées les *Montgommeries*, on arrive à la seconde zone de la Merveille. La salle qui se trouve sur le cellier est l'ancien chapitre des moines. La *salle des Chevaliers* (XIIe s.) est divisée en quatre nefs par trois rangs de colonnes mono-cylindriques, dont les chapiteaux sont ornés de feuilles de vigne, d'acanthe, de chêne et de quelques ornements fantastiques. Ces colonnes supportent des arceaux ou nervures arrondies qui ont des roses à leur intersection. L'appartement qui suit, situé sur la salle d'aumône, est le *réfectoire* des moines, bâti au commencement du XIIe s., divisé en deux nefs par d'élégantes et hautes colonnes mono-cylindriques, à base octogone et à chapiteaux ornés de feuillages. Leurs tailloirs arrondis supportent huit nervures qui épanouissent des rosettes de feuillage à leur intersection, et retombent, par trois, sur de triples colonnettes ornant les murs latéraux. Auprès du réfectoire, mais sur un plan plus élevé, est une jolie salle, dite *Conciergerie*, dont la voûte est portée par trois jolies colonnes. Le dortoir, qui se superpose au réfectoire, fut bâti de 1220 à 1225 et n'a pas de voûte. Au-dessus de la salle des Chevaliers se trouve le *cloître*, achevé en 1228. C'est un bijou d'architecture, orné de 220 colonnettes en granit, en calcaire, en stuc et en granitelle. Il forme un rectangle de 25 mèt. de long sur 14 de large. 100 de ces colonnes décorent les murailles latérales; 120 forment une double colonnade à jour, dont les voûtes sont soutenues par d'élégantes nervures. Entre les arceaux qui reposent sur ces colonnettes, sont des rosaces, des sculptures, des bas-reliefs, des inscriptions d'une grande variété. Au-dessus de ces dessins et des 70 arcades qui entourent le cloître, règne une frise élégante de 140 roses feuillées avec délicatesse. Les fenêtres regardent la mer au couchant, à plus de 100 mèt. au-dessus du niveau des flots. On jouit de là d'une vue immense et admirable. Le cloître est de plain-pied avec l'église et les dortoirs des religieux situés au-dessus du réfectoire. L'*église*, surmontée de toutes parts de clochetons inachevés ou découronnés par un incendie, en 1594, est dominée par une tour carrée, du XVIIe s., portant une statue dorée de saint Michel.

On monte à la plate-forme (immense panorama) de la tour par un escalier renfermé dans une tourelle, et par une sorte de pont extérieur, appelé l'*Escalier de dentelle*.

Le style roman secondaire est bien caractérisé dans la nef et les bras de la croix. Le portail a été refait en 1776, dans le style grec. Une porte latérale (XIIIe s.) offre un beau tympan ogival décoré d'un magnifique bas-relief (Apparition de saint Michel à saint Aubert). La nef est celle qui fut commencée vers 1020 par l'abbé Hildebert. Un beau triforium règne au-dessus des bas-côtés. Le chœur appartient au style ogival flamboyant (belle frise). Les murs sont décorés de fresques de la Renaissance et d'anciens tableaux du XVIIe s. Autour du chœur sont des chapelles à nervures très-saillantes avec pendentifs. Les stalles, modernes, ont été sculptées par un détenu avec une rare perfection. Derrière le chœur, un groupe en plâtre représente saint Michel terrassant le démon, d'après Raphaël. Le transsept est éclairé par de belles fenêtres qu'encadrent d'élégantes colonnettes. Dans la chapelle absidale, à g., un curieux retable d'autel, du XIVe ou du XVe s., représente la Passion. On voit aussi dans l'église une *statue* argentée de saint Michel, but de pèlerinage. Au-dessous du croisillon N., est une grande citerne, qui contient 1,200 tonneaux d'eau. Le portail latéral s'ouvre sur la terrasse appelée *Beauregard*, *Mirande* ou *Saut-Gaultier* (vue magnifique). Le bâtiment suivant, signalé par sa tourelle-escalier, mince comme un fuseau, était, dans cette même partie, l'abbatiale ou maison de l'abbé; les cachots inférieurs lui avaient valu le nom de Grand-Exil; l'édifice suivant s'appelait le Petit-Exil. Les deux Exils furent bâtis en 1348 et reconstruits en 1420. Les constructions qui suivent immédiatement sont l'œuvre d'un des grands bâtisseurs du Mont, l'abbé Pierre Le Roy, en 1393: ce sont la *Bailliverie* et la *Perrine*, bel édifice carré, bordé d'une élégante arcature à huit lancettes.

Une porte de la Renaissance relie l'église à la *crypte des Gros-Piliers* (xv° s.), creusée dans la roche. On y remarque 19 colonnes énormes qui soutiennent l'abside de l'église supérieure. Cinq chapelles s'enfoncent dans les profondeurs des pourtours; l'une de ces chapelles, Notre-Dame-sous-Terre, date de 1421. — Sous les bâtiments de l'abbaye, et en particulier sous l'ancienne maison abbatiale, s'étendent plusieurs étages de souterrains.

Au N. du Mont-Saint-Michel (3 kil. environ) se dresse, au milieu des sables, l'îlot granitique de Tombelaine (140 mèt.). On y voit quelques vestiges d'habitation et d'une forteresse.

Montsurvent, 485 h., c. de Saint-Malo. ⟿ Église en partie du XIII° s.

Montviron, 372 h., c. de Sartilly. ⟿ Église : portail remarquable du XIII° s., maladroitement restauré.

Moon-sur-Elle, 775 h., c. de Saint-Clair.

Morigny, 256 h., c. de Percy.

Morsalines, 391 h., c. de Quettehou.

Mortain, 2,337 h., ch.-l. d'arr., sur le penchant d'une montagne couronnée de rochers et au pied de laquelle coule la Cance. ⟿ *Église* (mon. hist.), des XI° et XII° s., curieux spécimen du style de transition. Tour de l'E., percée de fenêtres à lancettes qui ont 15 mèt. d'élévation. Intérieur d'aspect lourd et sévère. 22 gros piliers soutiennent les voûtes de la nef et du chœur. Dans le chœur : stalles sculptées, en chêne, du XIV° s., offrant des sujets allégoriques ou grotesques ; beau pavage en marbre; deux grandes statues (saint Évroult et saint Guillaume). Dans les collatéraux, deux tableaux anciens (la Cène et saint Norbert) ; boiseries de l'orgue; vieux bénitier sculpté. — Sur un rocher à pic de la rive g. de la Cance, ruines insignifiantes d'un *château-fort*. La sous-préfecture occupe une partie de son emplacement. — Près d'une cascade haute de 20 mèt. formée par la Cance, le *petit séminaire* (dans le parc, curieux chemin de croix) occupe une partie des bâtiments d'une ancienne abbaye ; porte monumentale de 1669 ; ruines de l'*abbaye Blanche*, fondée en 1105. La partie du cloître (XII° s.) qui subsiste offre d'élégantes colonnes et de belles arcades. L'*église* est un mélange des styles roman et ogival, auquel ont été faites de nos jours d'importantes additions. A l'E. du séminaire, rochers que recouvrent de grands sapins; au sommet (307 mèt.), *chapelle Saint-Michel*, rebâtie en 1852 (vue immense).

Morville, 583 h., c. de Bricquebec.

Mouche (La), 303 h., c. de la Haye-Pesnel.

Moulines, 460 h., c. de St-Hilaire.

Moyon, 1287 h., c. de Tessy.

Muneville-le-Bingard, 1,204 h., c. de Saint-Sauveur-Lendelin.

Muneville-sur-Mer, 650 h., c. de Bréhal. ⟿ Église romano-ogivale (Vierge de 1343).

Nacqueville, 506 h., c. de Beaumont-Hague. ⟿ Château du XVI° s., restauré et agrandi; beau parc.

Naftel, 260 h., c. d'Isigny.

Nay, 200 h., c. de Périers.

Négreville, 1,035 h., c. de Bricquebec.

Néhou, 1,901 h., c. de Saint-Sauveur-le-Vicomte. ⟿ Château ruiné.

Neufbourg (Le), 634 h., c. de Mortain.

Neufmesnil, 257 h., c. de la Haye-du-Puits. ⟿ Dans l'église, belles dalles tumulaires du XVI° s.

Neuville-au-Plain, 227 h., c. de Sainte-Mère-Église.

Neuville-en-Beaumont, 141 h., c. de Saint-Sauveur-le-Vicomte.

Néville, 310 h., c. de Saint-Pierre-Église.

Nicolas-de-Coutances (Saint-), 837 h., c. de Coutances.

Nicolas-de-Pierrepont (Saint-), 634 h., c. de la Haye-du-Puits. ⟿ Église : tour crénelée ; saint-sépulcre du XVI° s.

Nicolas-des-Bois (Saint-), 272 h., c. de Brécey.

Nicolas-près-Granville (Saint-), 1,091 h., c. de Granville.

Nicorps, 353 h., c. de Coutances. ⟿ Église renfermant d'assez bons vitraux.— If remarquable, au cimetière.

Noirpalu, 175 h., c. de la Haye-Pesnel.

Notre-Dame-de-Cenilly, 1,721 h., c. de Cerisy-la-Salle. ⟶ Église des XIIe et XIIIe s., dont le clocher roman est surmonté d'une flèche moderne en pierre (40 mèt. de haut.).

Notre-Dame-d'Elle, 200 h., c. de Saint-Clair.

Notre-Dame-de-Livoye, 262 h., c. de Brécey.

Notre-Dame-du-Touchet, 1,550 h., c. de Mortain.

Nouainville, 207 h., c. d'Octeville.

Octeville, 2,550 h., ch.-l. de c. de l'arr. de Cherbourg. ⟶ Église : parties romanes.

Octeville-la-Venelle, 540 h., c. de Quettehou.

Omonville-la-Petite, 564 h., c. de Beaumont-Hague.

Omonville-la-Rogue, 519 h., c. de Beaumont-Hague ; petit port de refuge sur la Manche. ⟶ Église du XIIIe s. — Restes d'un château-fort.

Orglandes, 600 h., c. de Saint-Sauveur-le-Vicomte. ⟶ Église en partie romane.

Orval, 1,047 h., c. de Montmartin. ⟶ Église : nef et tour du XIIe s.; portail du XIIIe ; chœur du XVe ; vitraux et boiseries du XVIe s.; tour romane (fenêtres et modillons à figures grotesques) ; archivolte de la porte O. (XIIIe s.); sous le chœur, crypte romane.

Osvin (St-), 551 h., c. d'Avranches.

Ourville, 676 h., c. de Barneville.

Ouville, 775 h., c. de Cerisy-la-Salle. ⟶ A l'église, baptistère du XVIe s.

Ozeville, 242 h., c. de Montebourg.

Pair (Saint-), 1,315 h., c. de Granville ; station de bains de mer. ⟶ Église en partie du XIe et du XIIe s.; clocher supporté par quatre piliers (curieux chapiteaux); sculptures du chœur d'un art exquis ; tombeaux de saint Pair et de saint Scubilion avec statues couchées XIVe s.) ; dans une chapelle moderne, reliques de saint Gaud. — Près de l'embouchure du Tar, source limpide de Sainte-Anne.

Parigny, 1,088 h., c. de Saint-Hilaire.

Pas (Les), 526 h., c. de Pontorson. ⟶ Église à coupole moderne.

Patrice-de-Claids (Saint-), 404 h., c. de Lessay.

Pellerin (Saint-), 598 h., c. de Carentan.

Percy, 2,850 h., ch.-l. de c. de l'arr. de Saint-Lô.

Périers, 2,615 h., ch.-l. de c. de l'arr. de Coutances. ⟶ Église (mon. hist.) des XIVe et XVe s.; belle flèche ; beaux vitraux.

Pernelle (La), 592 h., c. de Quettehou.

Perques (Les), 507 h., c. de Bricquebec.

Perriers-en-Beauficel, 780 h., c. de Sourdeval.

Perron (Le), 562 h., c. de Torigni.

Petit-Celland (Le), 452 h., c. de Brécey. ⟶ Camp romain de Châtellier où, dit-on, Sabinus se retira avec ses trois légions.

Picauville, 2,661 h., c. de Sainte-Mère-Église. ⟶ Église des XIIIe et XIVe s. — A l'Ile-Marie, église renfermant une Vierge à la Chaise de Jules Romain.

Pience (Sainte-), 674 h., c. de la Haye-Pesnel. ⟶ Le Parc, nom donné à ce qui reste de l'ancienne villa des évêques d'Avranches.

Pierre-d'Arthéglise (Saint-), 247 h., c. de Barneville.

Pierre-de-Coutances (Saint-), 221 h., c. de Coutances.

Pierre-de-Semilly (Saint-), 536 h., c. de Saint-Clair. ⟶ Beau portail de l'église. — Restes d'un château-fort (mon. hist.), sur le bord de deux étangs; belles avenues. — Château du XVIe s.

Pierre-Église (Saint-), 2,064 h., ch.-l. de c. de l'arr. de Cherbourg. ⟶ Eglise : portail roman ; tour carrée. — Château moderne (galerie de tableaux), sur l'emplacement d'une forteresse détruite pendant la Ligue; très-beau parc. — Deux curieux menhirs (mon. hist.), dont l'un dit la Pierre-Longue.

Pierre-Langers (Saint-), 775 h., c. de Sartilly. ⟶ Château moderne.

Pierreville, 644 h., c. des Pieux.

Pieux (Les), 1,441 h, ch.-l. de c. de l'arr. de Cherbourg, sur une éminence (vue étendue). ⟶ Cromlech (mon.

hist.); tumuli et enceinte gauloise appelée Témène.

Pirou, 1,436 h., c. de Lessay. ⟶ Église en partie du XIIIe s., avec deux chapelles du XVe. — Restes d'un château féodal entouré de fossés.

Placy-Montaigu, 498 h., c. de Torigni.

Planchers (Saint-), 1,008 h., c. de Granville.

Plessis (Le), 633 h., c. de Périers.

Plomb, 586 h., c. d'Avranches.

Poilley, 945 h., c. de Ducey. ⟶ Dans l'église, bas-relief représentant la Passion. — Débris de l'abbaye de Montmorel (XIIe s.).

Pois (Saint-), 797 h., ch.-l. de c. de l'arr. de Mortain, sur le Glénon.

Pontaubault, 372 h., c. d'Avranches. ⟶ Église (mon. hist.) réparée au XIXe s.

Pont-Hébert, 944 h., c. de St-Jean-de-Daye. ⟶ Château de Thère; beaux appartements du XVIIe s., meublés dans le style Louis XIV; boiseries remarquables et tapisseries de haute lice; dans le parc, orme ayant 7 mèt. de circonférence.

Pontorson, 2,383 h., ch.-l. de c. de l'arr. d'Avranches; port à l'embouchure du Couesnon, dans l'anse la plus reculée de la baie du Mont-Saint-Michel, près des marais de Sougeal et de Boucey. ⟶ Église des XIe-XIIIe s.; à l'intérieur, sculptures curieuses figurant la Passion. — Jolie halle. — Ruines du château de Du Guesclin.

Ponts, 504 h., c. d'Avranches.

Portbail, 1,786 h., c. de Barneville; port de cabotage sur la Manche (phares). ⟶ Tour du clocher à mâchicoulis.

Précey, 591 h., c. de Ducey. ⟶ Château à tourelles ombragé de vieux chênes.

Précorbin, 518 h., c. de Torigni.

Prétot, 630 h., c. de la Haye-du-Puits. ⟶ Château du XVIe s., flanqué de tours et renfermant une jolie chapelle du style flamboyant.

Quentin (Saint-), 1,321 h., c. de Ducey. ⟶ Église : portail roman; porche et clocher du XIIIe s.

Querqueville, 870 h., c. d'Octeville. ⟶ Dans le cimetière, chapelle du Xe s., à croisillons arrondis, appareillée en arêtes de poisson. — Fort et phare.

Quettehou, 1,380 h., ch.-l. de c. de l'arr. de Valognes. ⟶ Église en partie du XIIIe s.

Quettetot, 715 h., c. de Bricquebec.

Quettreville, 1,543 h., c. de Montmartin. ⟶ Dans l'église, bon tableau représentant des scènes de la Passion.

Quibou, 1,303 h., c. de Canisy.

Quinéville, 331 h., c. de Montebourg. ⟶ Église en partie romane. — Beau parc du château (XVIIIe s.). — La Grande-Cheminée, monument dont la destination est inconnue. — Belle plage (bains de mer). — Petits forts.

Raids, 503 h., c. de Carentan.

Rampan, 237 h., c. de Saint-Lô.

Rancoudray, 423 h., c. de Mortain.

Rauville-la-Bigot, 814 h., c. de Bricquebec.

Rauville-la-Place, 811 h., c. de St-Sauveur-le-Vicomte. ⟶ Église romane.

Ravenoville, 600 h., c. de Sainte-Mère-Église.

Reffuveille, 1,385 h., c. de Juvigny.

Regnéville, 1,888 h., c. de Montmartin; port de cabotage très-fréquenté, sur la Manche. ⟶ Église du XIVe s. — Restes d'une forteresse (mon. hist.) de la fin du XIVe s.; donjon carré.

Reigneville, 65 h., c. de Saint-Sauveur-le-Vicomte.

Remilly, 885 h., c. de Marigny.

Remy-des-Landes (Saint-), 500 h., c. de la Haye-du-Puits. ⟶ Châteaux de Saint-Remy et de Taillefer.

Rétoville, 238 h., c. de Saint-Pierre-Église.

Réville, 1,693 h., c. de Quettehou. ⟶ Phare de la Pointe de Saire.

Rochelle (La), 566 h., c. de la Haye-Pesnel. ⟶ Église du XVIe s.; tombes anciennes. — Château des XVIe et XVIIIe s., avec imitations du XVIe s.

Romagny, 1455 h., c. de Mortain.

Romphaire (Saint-), 805 h., c. de Canisy.

Ronthon, 363 h., c. de Sartilly.

Roncey, 1,049 h., c. de Cerisy-la-Salle. ⟶ Église (mon. hist.) en partie du XIIe s.; porte romane.

Ronde-Haye (La), 517 h., c. de Saint-Sauveur-Lendelin.

Rouffigny, 421 h., c. de Villedieu. ⟶ Château du XVIIe s.

Rouxeville, 402 h., c. de Torigni.

Rozel (Le), 348 h., c. des Pieux. ⟶ Château du XIIIe ou du XIVe s., renfermant une belle collection de miniatures, la plupart sur émail, de jolies copies sur porcelaine de quelques bons tableaux français, un curieux portrait de Joyeuse, etc.

Sacey, 1,227 h., c. de Pontorson. ⟶ Église : portail roman ; chœur gothique (XVe s.) ; nef de 1627. — Ruines du fort de Chéruel (XVIe s.).

Sainteny, 1,641 h., c. de Carentan. ⟶ Château de Bois-Grimot.

Samson-de-Bonfossé (Saint-), 628 h., c. de Canisy.

Sartilly, 1,233 h., ch.-l. de c., arr. d'Avranches. ⟶ Église gothique (1866).

Saultchevreuil-du-Tronchet, 620 h., c. de Villedieu.

Saussemesnil, 1,459 h., c. de Valognes. ⟶ Église des XIe et XIIe s.

Saussey, 689 h., c. de Coutances. ⟶ Église des XIIIe-XVe s.

Sauveur-de-Chaulieu (Saint-), 177 h., c. de Sourdeval.

Sauveur-de-Pierrepont (Saint-), 426 h., c. de la Haye-du-Puits. ⟶ Chœur de l'église du XIe s. ; tympan sculpté et autres bas-reliefs au portail.

Sauveur-la-Pommeraye (Saint-), 439 h., c. de Bréhal.

Sauveur-Lendelin (Saint-), 1,725 h., ch.-l. de c. de l'arr. de Coutances, sur la Taute. ⟶ Église du XIIIe ou du XIVe s., agrandie de nos jours.

Sauveur-le-Vicomte (Saint-), 2659 h., ch.-l. de c. de l arr. de Valognes, sur la Douve. ⟶ Restes (abbatiale) d'une abbaye de Bénédictins (mon. hist.) du XIe s., occupés par la maison-mère des Hospitalières de la Miséricorde. — Ruines pittoresques d'un château (mon. hist.) du commencement du Xe s. ; grande tour carrée bâtie par Chandos.

Savigny, 716 h., c. de Cerisy-la-Salle. ⟶ Église romane (mon. hist.) ; chœur fort curieux.

Savigny-le-Vieux, 1,218 h., c. du Teilleul. ⟶ Ruines d'une abbaye ; restes de l'église et belle porte de réfectoire (XIIe s.).

Sébastien-de-Raids (Saint-), 402 h., c. de Périers.

Sebeville, 91 h., c. de Sainte-Mère-Église. ⟶ Château.

Senier-de-Beuvron (Saint-), 704 hab., c. de Saint-James. ⟶ Presbytère fort ancien ; cheminée de 1510. — Beau château moderne de Chassilly, de style gothique, avec ancienne chapelle, restaurée avec goût.

Senier-sous-Avranches (Saint-), 805 h., c. d'Avranches. ⟶ Dans l'église, statue de sainte Barbe, du XVIe s.

Senoville, 352 h., c. de Barneville.

Servigny, 331 h., c. de Saint-Malo. ⟶ Restes d'un château-fort.

Servon, 616 h., c. de Pontorson. ⟶ Église en partie moderne avec dôme; chevet du XVIe s.; fonts baptismaux romans ; voûte en bois du chœur couverte d'une riche peinture, du commencement du XVIe s.; dévants d'autels ornés d'arabesques curieuses ; trois panneaux peints dans la sacristie avec une belle tête de Christ ; jolie chaire, du XVIIIe s., et fragments de vitraux. — Château du XVIe s.; belle porte d'entrée, de transition (XIIe s.); jolie tourelle hexagone servant d'escalier.

Sideville, 510 h., c. d'Octeville.

Siouville, 609 h., c. des Pieux.

Sortosville, 184 h., c. de Montebourg. ⟶ Église romane.

Sortosville-en-Beaumont, 464 h., c. de Barneville.

Sottevast, 893 h., c. de Bricquebec. ⟶ Château du XVIIe s.

Sotteville, 331 h., c. des Pieux.

Soulles, 872 h., c. de Canisy.

Sourdeval, 3,914 h., ch.-l. de c. de l'arr. de Mortain, près de la source de la Sée. ⟶ Belle fontaine en granit.

Sourdeval-les-Bois, 500 h., c. de Gavray.

Subligny, 535 h., c. de la Haye-Pesnel. ⟶ Église : portail roman ; tour du XIVe s.

Surtainville, 942 h., c. des Pieux.

Surville, 365 h., c. de la Haye-du-Puits.

Suzanne (Sainte-), 164 h., c. de Périers.

Suzanne-sur-Vire (**Sainte-**), 382 h., c. de Saint-Lô.

Symphorien (**Saint-**), 331 h., c. de la Haye-du-Puits.

Symphorien (**Saint-**), 470 h., c. du Teilleul.

Symphorien (**Saint-**), 206 h., c. de Torigni.

Taillepied, 109 h., c. de Saint-Sauveur-le-Vicomte.

Tamerville, 992 h., c. de Valognes. ⋙→ Église romane, avec clocher octogonal du XIIe s.

Tanis, 513 h., c. de Pontorson. ⋙→ Chapelle romane de Saint-Côme-et-Damien, transformée en grange.

Tanu (**Le**), 550 h., c. de la Haye-Pesnel. ⋙→ Église : chœur roman; portail gothique; tour (1658) terminée en forme de mitre.

Teilleul (**Le**), 2,295 h., ch.-l. de c. de l'arr. de Mortain.

Tessy-sur-Vire, 1,478 h., ch.-l. de c. de l'arr. de Saint-Lô. ⋙→ Château du XVIe ou du XVIIe s.

Teurthéville-Bocage, 1,265 h., c. de Quettehou.

Theil (**Le**), 854 h., c. de Saint-Pierre-Église.

Theurteville-Hague, 880 h., c. d'Octeville. ⋙→ Dans le bois de Néretz, 2 menhirs, appelés Pierres tournantes.

Théville, 457 h., c. de Saint-Pierre-Église.

Thomas (**St-**), 510 h., c. de St-Lô.

Tirepied, 1,187 h., c. de Brécey. ⋙→ Motte féodale du Val-de-Sé. — Château de Crux, du XVIIIe s.; chapelle avec jolie piscine du XIIIe s.

Tocqueville, 476 h., c. de Saint-Pierre-Église. ⋙→ Château.

Tollevast, 607 h., c. d'Octeville. ⋙→ Église romane; la partie S. de la nef a été reconstruite au XVIIIe s.; portail O. et abside remarquables.

Tonneville, 185 h., c. de Beaumont-Hague. ⋙→ Vieux manoir.

Torigni-sur-Vire, 2,021 h., ch.-l. de c. de l'arrond. de Saint-Lô. ⋙→ Château (mon. hist.), construit, au XVIe s., par Jacques de Matignon; c'est aujourd'hui la mairie; à l'intérieur, belles tapisseries des Gobelins, galerie de tableaux historiques des Matignon; beau portrait de Mlle de Colbert, attribué à Largillière; tableau attribué à Andrea del Sarto ou à Jules Romain (Triomphe d'un empereur romain), etc. — Jolie promenade près des ruines du château.

Tourlaville, 5,757 h., c. d'Octeville. ⋙→ Monument druidique de la Lande-des-Morts. — Église attribuée aux Anglais. — Tour en ruine, reste d'un château-fort. — Château de la fin du XVe s., restauré, remarquable par son ornementation; sculptures, chambre bleue intéressante pour son ancien ameublement et ses inscriptions bizarres. — A 2 kil. N., port du Béquet (phare).

Tourville, 747 h., c. de Saint-Malo. ⋙→ Manoir du maréchal de Tourville.

Tréauville, 877 h., c. des Pieux.

Trelly, 1048 h., c. de Montmartin. ⋙→ Église en partie du XIIIe s.

Tribehou, 1055 h., c. de Saint-Jean-de-Daye.

Trinité (**La**), 686 h., c. de Villedieu. ⋙→ Église en partie romane.

Troisgots, 560 h., c. de Tessy.

Turqueville, 299 h., c. de Sainte-Mère-Église.

Ursin (**Saint**), 321 h., c. de la Haye-Pesnel. ⋙→ Portail roman de l'église. — Belle croix dans le cimetière. — If énorme.

Urville, 326 h., c. de Montebourg. ⋙→ A l'église, 2 portes romanes.

Urville-Hague, 334 h., c. de Beaumont-Hague.

Vaast (**Saint-**), 3,283 h., c. de Quettehou, sur la Manche. — Rade sûre et commode qui peut recevoir des vaisseaux de tous rangs; elle est protégée par les forts de l'île Tatihou, de l'île Saint-Marcouf et de la Hougue (jetée longue de 600 mèt.; phare). ⋙→ Chœur roman de l'ancienne église. — Église ogivale moderne. — Belles tours de la Hougue et de Tatihou (lazaret), construites en 1694.

Vains, 854 h., c. d'Avranches. ⋙→ Au carrefour des Trois-Croix, deux croix à fût roman, à tête gothique. — Château du XVIIe s., et, tout près, chapelle du Châtel ou du Vert-Bois (Xe s.). — En face du Mont-Saint-Michel, près du cap du Groin-du-Sud (site magnifique, vue admirable), jolie église (XIIe s.) du prieuré de Saint-Léonard, transformée en grange; tour remarquable; le porche ou halle de Saint-Léonard est en partie du XVIe s. — Camp des Linettes, tracé par les Normands.

Valcanville, 8?0 h., c. de Quettehou.

Valdécie (Le), 250 h., c. de Barneville.

Valognes, 5,831 h., ch.-l. d'arrond., sur le Merderet, au centre de la presqu'île du Cotentin. ⋙→ *L'église*, dont l'aspect général indique le XVe s., mais dont certaines parties existaient, assure-t-on, avant 1552, est surmontée d'un dôme de 1612, et d'une tour carrée terminée en pyramide; à l'intérieur, vitraux modernes et belles boiseries du chœur. — *Hospice*, établi dans l'ancien couvent des Bénédictines. — *Collége*, installé dans l'ancien séminaire (1654), ainsi que la *bibliothèque* (autel mérovingien de 667, trouvé dans l'église de

Église de Valognes.

Ham; sarcophage gallo-romain, découvert à Lieusaint). — *Hôtel de ville* et *palais de justice*, modernes. — Anciens *hôtels*. — Restes de constructions romaines (temple, aqueduc, théâtre) sur l'emplacement d'*Alauna*, dont Alleaume, faubourg de Valognes, rappelle encore le nom.

Val-Saint-Père (Le), 1,1?8 h., c. d'Avranches. ⋙→ Église : vitrail du XVe s. (Mater dolorosa); intéressante fenêtre du chevet (fin du XIVe s.). — Manoir de l'Ermitage, modernisé.

Varenguebec, 869 h., c. de la Haye-du-Puits. ⋙→ Monument druidique du Blanc-Rocher.

Varouville, 376 h., c. de Saint-Pierre-Église.

Vast (Le), 1,361 h., c. de St-Pierre-Église. ⋙→ Château de Pépinvast.

Vasteville, 629 h., c. de Beaumont-Hague.

Vaudreville, 173 h., c. de Montebourg.

Vaudrimesnil, 521 h., c. de Saint-Sauveur-Lendelin.

Vauville, 412 h., c. de Beaumont-Hague. ⇝ Allée couverte (mon. hist.), dite les Pierres pouquelées. — Fort.

Vendelée (La), 393 h., c. de Saint-Malo. ⇝ Dans l'église, beaux fonts baptismaux du XIVe s., et deux jolis bas-reliefs en pierre du XVIe.

Vengeons, 1,579 h., c. de Sourdeval.

Ver, 914 h., c. de Gavray. ⇝ Tumulus du Bezic. — Église en partie des XIIe et XIIIe s. — Chapelle romane de Sainte-Marguerite. — Ancien manoir.

Vergoncey, 554 h., c. de Saint-James. ⇝ Église : portail roman, nef gothique; chœur et transsept refaits en 1750. — Château du XVIIIe s., près de l'emplacement d'un ancien manoir; jolie chapelle du commencement du XVIe s.

Vernix, 362 h., c. de Brécey. ⇝ Église : portail roman; bonne copie de la Cène du Poussin.

Vesly, 1,115 h., c. de Lessay. ⇝ Église des XIIIe et XVe s.

Vessey, 971 h., c. de Pontorson. ⇝ Église, en grande partie reconstruite en 1611; portail antérieur au XIe s; porche du XVIe; chevet du chœur de 1536; tour de 1610. — Les deux croix rondes du cimetière sont romanes.

Veys (Les), 622 h., c. de Carentan.

Vezins, 591 h., c. d'Isigny.

Vicel (Le), 551 h., c. de Quettehou.

Videcosville, 145 h., c. de Quettehou.

Vidouville, 277 h., c. de Torigni.

Vierville, 98 h., c. de Sainte-Mère-Église.

Vigor-des-Monts (Saint-), 905 h., c. de Tessy.

Villebaudon, 538 h., c. de Percy.

Villechien, 574 h., c. de Mortain.

Villedieu-les-Poëles, 3,434 h., ch.-l. de c. de l'arr. d'Avranches, sur la Sienne. ⇝ Église du XVe ou du XVIe s., à l'extérieur, nombreuses sculptures; tableau à compartiments (Adoration du Saint-Sacrement). — Ruines du château de la Roche-Tesson. — Chapelle Saint-Blaise, reste d'une maison de frères hospitaliers, située dans l'île Bilheust. — Pont de pierre fort ancien.

Villiers, 460 h., c. de Saint-James. ⇝ Château du XVIIe s. (en partie détruit), converti en ferme; dans le jardin, arbres énormes.

Villiers-Fossard, 562 h., c. de Saint-Clair.

Vindefontaine, 675 h., c. de la Haye-du-Puits. ⇝ Église dans le style des XIIIe et XIVe s. — Beau manoir.

Virandeville, 621 h., c. d'Octeville. ⇝ Restes d'un château; donjon bien conservé.

Virey, 1,234 h., c. de Saint-Hilaire.

Vrasville, 132 h., c. de Saint-Pierre-Église.

Vretot (Le), 870 h., c. de Bricquebec.

Yquelon, 357 h., c. de Granville.

Yvetot, 1,026 h., c. de Valognes. ⇝ Église ogival

24842. — Typographie A. Lahure, rue de Fleurus, 9, à Paris

France par ADOLPHE JOANNE

MANCHE.

Les chiffres indiquent la hauteur en mètres au dessus du niveau de la mer.

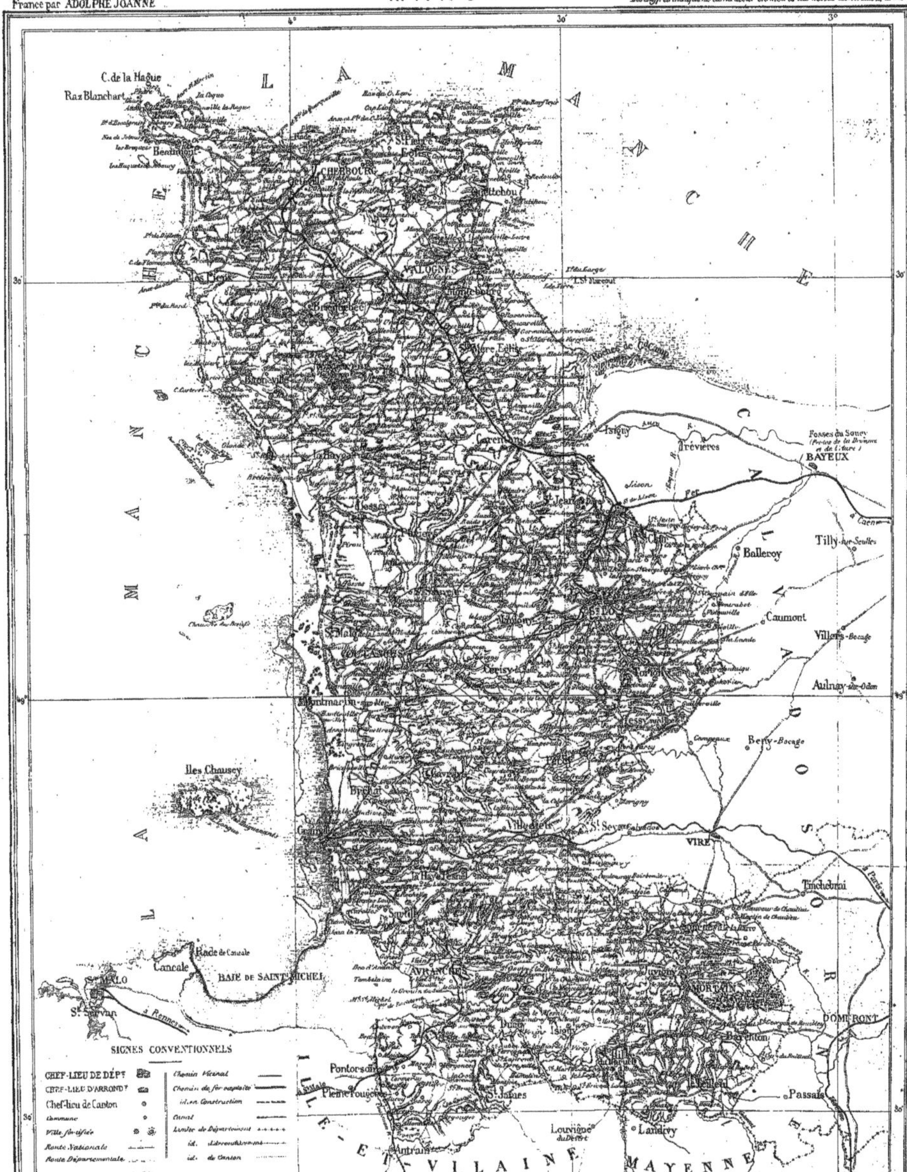

Gravé chez Erhard, 12, r. Duguay-Trouin.

Hachette et Cie à Paris

IMPRIMERIE A. LAHURE, RUE DE FLEURUS, 9, A PARIS.

www.ingramcontent.com/pod-product-compliance
Ingram Content Group UK Ltd.
Pitfield, Milton Keynes, MK11 3LW, UK
UKHW031936260826
14628UKWH00004B/1658

9 782019 128166